发展新理念与中国经济发展新常态

FAZHANXINLINIANYU ZHONGGUOJINGJIFAZHANXINCHANGTAI

中共中央党校课题组 编著

中共中央党校重大委托课题

中共中央党校出版社

图书在版编目（CIP）数据

发展新理念与中国经济发展新常态/中共中央党校课题组编著．—北京：中共中央党校出版社，2016.7

ISBN 978-7-5035-5528-2

Ⅰ.①发…　Ⅱ.①中…　Ⅲ.①中国特色社会主义-社会主义建设模式-研究②中国经济-经济发展-研究
Ⅳ.①D616②F124

中国版本图书馆 CIP 数据核字（2016）第 162761 号

发展新理念与中国经济发展新常态

责任编辑　严宏伟　王学彦
版式设计　尉红民
责任印制　宋二顺
责任校对　王　微
出版发行　中共中央党校出版社
地　　址　北京市海淀区大有庄 100 号
电　　话　（010）62805830（总编室）　（010）62805821（发行部）
（010）62805034（网络销售）　（010）62805822（读者服务部）
传　　真　（010）62881868
经　　销　全国新华书店
印　　刷　北京柏力行彩印有限公司
开　　本　700 毫米×1000 毫米　1/16
字　　数　160 千字
印　　张　14.25
版　　次　2016 年 7 月第 1 版　　2016 年 7 月第 1 次印刷
定　　价　38.00 元

网　　址：www.dxcbs.net　　**邮　　箱**：cbs@ccps.gov.cn
微 信 ID：中共中央党校出版社　**新浪微博**：@党校出版社

前　言

本书是中共中央党校2015年度重大委托课题的成果。2015年3月接到任务后，我们认真学习领会习近平总书记关于经济发展新常态的重要讲话，反复讨论课题的研究思路，几经磨合，对做好这项课题形成了三点共识：坚持问题导向，不回避矛盾；突出学理支撑，不就事论事；力求可操作，不脱离实际。

确定了研究原则，课题组成员先后分赴全国各地调研，通过调研，我们不仅感受到了当前国内经济面临的压力，也强烈感受到了基层干部群众对中共中央党校学者的期待。怎样用新的发展理念引领经济发展新常态？怎样看待近年来的经济下行？怎样推动结构升级？怎样转换经济发展动力等等。这一系列问题都迫切需要我们理论工作者作出回答。

调研结束后，我们将了解到的情况进行了梳理汇总，并逐一研讨，之后我们撰写的内部报告受到了中央领导的重视；课题分报告在《财政研究》等杂志陆续刊出后也引起了社会关注。2015年9月起，课题主持人王东京教授在

《学习时报》写专栏，发表了近50篇文章，读者回声四起。2016年年初，我们便以这些阶段性成果为基础撰写总报告，历时半年，数易其稿，现在本书终于与读者见面。

总报告由三篇加一个绪论构成。具体分工如下：绪论由中共中央党校副校长王东京教授撰写；第一篇（1—3章）由中共中央党校陈启清教授执笔；第二篇（4—6章）由中共中央党校副研究员桑瑜执笔；第三篇（7—9章）由中共中央党校陈宇学教授执笔；中共中央党校办公厅许庆博同志做了大量的资料整理工作。全书由王东京教授拟定提纲、修改定稿。

最后要特别说明的是，本研究报告在撰写过程中参阅了国内外大量的相关成果，数据资料的获取也得到了各省市相关部门与企业的大力支持，中共中央党校出版社严宏伟、王学彦两位同志作为责任编辑为本书的出版付出了辛勤劳动，在此我们一并致谢！

目　　录

第三篇　创新驱动篇

绪　论

以发展新理念引领经济新常态

中国经济目前正处在速度换挡、结构调整与动力转换期，党的十八届五中全会提出坚持创新发展、协调发展、绿色发展、开放发展、共享发展，这五大新理念是适应、把握、引领经济新常态的总纲领，如何通过改革体制机制落实发展新理念，是摆在我们面前的一项重大课题。

一、创新发展的体制安排

毋庸讳言，我们过去的经济增长主要是靠投资与出口拉动，而今天已步入“经济新常态”，发展动力亟待转换。党的十八届五中全会指出：“创新是引领发展的第一动力。”中央的意思很明确，未来的经济发展将主要靠创新驱动。若如此，在体制层面有两个问题要研究：第一，政府如何支持科技创新？第二，如何促进科技成果转化？

何为科技创新？并不是要抠概念，而是这概念事关国家的科技投资体制。人们通常认为，科技创新是“科学与技术创新”的总称。这看法虽不算错，但不准确。我们说，技术可以创新，科学是不能创新的。科学揭示的是规律，规律只能发现，不能改变，如圆周率 3.14，科学家只能发现它，却不能创新它。既然科学是发现规律而非创新，那么政府要不要资助科学研究？

政府当然应该资助科学研究。科学研究不同于技术研发，技术研发的成果是商品，可以有偿转让；而科学研究成果则是个理论原理，由于没有商品载体，不可能通过市场交换取得回报。比如达尔文的进化论是举世公认的人类伟大发现之一，可谁也不会花钱去买“进化论原理”；圆周率 3.14 人们也经常用到，也不会有人买圆周率的。

从经济学角度看，政府资助科学研究还有一个理由，那就是科学研究成果属于“公共品”。公共品有两个特点：一是消费不排他；二是不存在边际成本。科学研究正好具备这两个特性。科学家发现的某个规律（或定理）一经公布，不仅使用不排他，使用人数的多少也与成本无关。比如你使用圆周率求圆面积，并不妨碍我使用圆周率求圆面积，大家同时使用，当初发现圆周率的成本不会变。

与科学研究不同，技术研发倒是可以创新的，可这是否就意味着政府应该资助所有的技术创新？当然不是。国防军工技术与高新技术事关国家安全与国家竞争力，其创新成果通常不能转让，此类创新政府应该投资；而一般民用技术研发与国家安全无关，创新成果又可有偿转让，政府对这类创新只需提供公共服务，应让研发机构面向市场去筹资。

实行创新发展的另一难题，是推动科技成果转化。习近平总书记曾明确强调要“推动产学研深度融合，实现科技与产业无缝对接”。而据公开的数据显示，我国近年来每年受理的专利申请达 90 多万件，获得专利授权 16 万余件，连续 4 年居全球之首，可目前我国专利成果转化率却平均不足 20%，产业化率更低，不到 5%。政府拿大量的资金支持创新，而大量专利成果却被束之高阁。

于是我们要问，为什么我们的科技人员不重视成果转化？2015 年暑期我到南方调研，与科技人员座谈时，大家认为主要有三方面原因：

一是成果评价厚此薄彼。以资金来源分，科技课题有政府纵向与企业横向两类。据湖南、云南等地科技部门负责人反映，目前科研院所评职称往往重“纵向”轻“横向”。在长沙座谈时就有科技人员说，他所在单位评定职称时，无国家课题的近于免谈。

二是财政大包大揽。改革开放以来，国家财政对科技投入增长近百倍，特别是近 5 年，财政投入年均增长 20%以上。这些资金大多以课题形式投给了科研院所。国家既发工资又拨经费，科技人员高枕无忧，自然不关心科技成果能否转化。

三是公共服务平台短缺。目前科技成果难转化的一个重要原因，是“中试车间”等公共平台短缺。一项新技术从实验室到规模生产，通常需要中试。有数据显示，新技术成果通过中试，产业化成功率可达八成；而未经中试的，成功率只有三成。但中试的困难在于，建中试车间一次性投入大，使用率却低，科研院所与企业谁也不愿独自建中试车间。

以上因素确实会妨碍科技成果转化，但并非关键原因。我的疑问是，如果是成果评价重“纵向”轻“横向”导致了产学研脱节，那么为何有人评了职称也不重视成果转化？事实上，目前科技人员中多数都是有职称的。再有，说财政包揽导致产学研脱节同样也站不住，可证伪的例子是，欧美国家政府财政也投资科技，可人家成果转化率却高达70%～80%。

至于中试车间，说到底是一个谁出钱的问题。中试车间当然最好由政府建，即便政府不建，假若研发者的产业化愿望强烈，而成果又有广泛的应用前景，建中试车间则易过借火。今天国内市场钱并不难找，难就难在研发者缺乏产业化动力，而成果又没有令人乐观的市场前景。

归根到底，以往产学研脱节的主要原因，是科技主创人员不能直接分享成果转化的收益。以美国为例，1980年以前，美国联邦财政资助研发的技术专利权曾归政府所有，其转让收益也归政府，而那时美国的专利成果转化率仅为5%。1980年美国国会通过了《拜杜法案》，将专利权下放给了研发机构，结果转化率一路飙升，如今达到80%以上。

中国的情况与此类似。2007年以前，中央财政资助研发的技术专利权也归国家所有，2007年颁布《科技进步法》后，国家将财政资助研发的专利权下放给了科研院所。按常例，我们的专利成果转化率应该提升，可现实却让人大跌眼镜。何以如此？原来国内的科研院所与美国不同，美国的研发机构是企业投资，而我们的科研院所是国家投资的事业单位，专利权下放不过是“大锅饭”变“小锅饭”。

现在看来，推动科技成果转化有两个办法：一是改革科研院所的“事业”身份，让其自立门户成为真正的企业；二是让科技主创人享有专利转让的部分收益。前者要改体制，后者要相对容易些。党的十八届五中全会指出：“实行以增加知识价值为导向的分配政策，提高科研人员成果转化收益分享比例。”

并且，2015 年 10 月开始实施的《促进科技成果转化法》对此已有相关规定，其关键是要抓好落实。

二、协调发展的两个层面

协调发展涵盖城乡区域协调发展，经济社会协调发展，新型工业化、信息化、城镇化、农业现代化同步发展等诸多方面。但以上各方面的协调最终要反映为两个层面的协调：一是总量平衡；二是结构合理。

先看总量平衡。我们知道，过去计划经济时期，总量不平衡表现为商品短缺，即总需求大于总供给；而市场经济下的总量不平衡，通常表现为总供给大于总需求，即产能过剩或商品过度库存、失业率上升。20 世纪 30 年代西方国家出现了普遍的生产过剩，凯恩斯于 1936 年出版了《就业利息与货币通论》，此后凯恩斯的需求管理理论大行其道，并一度成为西方国家的国策。

在凯恩斯看来，扩大需求的重点是投资。理由有两个：一是供求总量要平衡，储蓄必须转化为投资。他是这样论证的：假定一个国家只有企业与居民两个部门（不考虑税收、政府支出与进出口），于是从总收入（供给侧）看，国民收入＝工资＋利润＋利息＋地租＝消费＋储蓄；而从总支出（需求侧）看，国民收入＝投资＋消费。总收入等于总支出，则：消费＋储蓄＝投资＋消费。等式两边都含消费，故左边的储蓄必等于右边的投资。

上面论证看上去天衣无缝，但其实有疑点。在年底回头看当年的国民收入存量，储蓄确实等于投资，但若在年底看下一年的国民收入流量，保持总量平衡却未必要将储蓄转化为投资。储蓄可向两个方向转化：如果投资需求不足，储蓄可转化为投资；如果消费需求不足，储蓄则可转化为消费。事实上，不仅储蓄转化为投资可以扩内需，而且储蓄转化为消费也可以扩内需。肇始于欧美、今天风行全球的信贷消费，就是将储蓄转化为消费的例子。

凯恩斯主张刺激投资的另一个理由，是他认为投资对扩大需求有乘数效应。如投资兴建一家汽车厂，生产汽车需要钢铁，于是可扩大钢铁厂的需求；钢铁厂炼钢需要买煤，则可扩大煤矿的需求；煤矿需买采掘机，又可扩大机械厂的需求。我们不否认投资有乘数效应，但消费也有加速效应：消费者购买汽车，可扩大汽车厂的需求，而汽车厂需买钢铁，又可扩大钢铁厂的需求，以此类推，也一样会产生连锁的需求放大效应。而且经济学并未证明，对拉动需求，扩投资一定胜于扩消费。20 世纪 70 年代西方国家陷入滞胀，表明凯恩斯理论并非灵丹妙药。

习近平总书记在 2015 年中央经济工作会上提出了供给侧改革，强调在适当扩大需求的同时，通过供给侧“去产能、去库存、去杠杆、降成本、补短板”改善供给体系，提高供给的有效性，使供给结构更加适应需求结构的变化。习近平总书记的这一重要经济思想，既不同于凯恩斯主义，也不同于西方的供给学派。供给学派的重点在减税，而供给侧改革的要义是结构性改革。从结构入手推动总量平衡，无疑是对经济学的重大创新。

说到结构性改革，最近大家都在学习领会习近平总书记的讲话精神，而且“结构性改革”已成为全党的共识。现在的问题是结构性改革由谁来主导，对此人们还有不同意见。有人认为，政府应成为调结构的主体，而按照经济学分析，若让政府作为调结构的主体至少应满足三个条件：第一，政府要事先知道未来怎样的结构是合理的结构；第二，政府官员要比企业家更懂得市场；第三，行政调节要比市场调节更有效。

政府能满足以上三个条件吗？政府官员并非先知先觉，自然很难知道未来怎样的结构是好结构。“九五”时期，政府曾提出要振兴煤炭、钢铁、汽车、建材等产业，可到“十五”时期就出现过剩。2009 年，国家颁布《十大重点产业调整与振兴规划》，而 2013 年国务院发布的《关于化解产能严重过剩矛盾的指导意见》，所涉产业几乎都属于 2009 年要振兴的产业。

那么政府官员是否比企业家更懂市场呢？官员坐在办公室听汇报，看错了市场自己也不赔钱，无关痛痒；企业家一旦投错了项目，赔的是真金白银，所以一般说来官员不会比企业家更懂市场。但行政调节与市场调节哪个更有效，不好一概而论。行政调节相对于市场调节见效快，但容易一刀切，而市场调节虽非一刀切，但见效慢。

两害相较取其轻。结构调整的主体我认为应该是企业而非政府。虽然企业家也不知道未来怎样的结构是好结构，但市场知道，因为市场价格会告诉我们供求状况。由于企业家更关注市场，他们能根据市场变化不断调整生产，让供给去适应市场需求的变化。党的十八届三中全会决定指出，让市场在资源配置中起决定性作用，更好地发挥政府作用。笔者理解，这其实就是要让企业作为市场主体按市场需求调结构。

目前国内有一个流行观点，认为判断一个地区结构是否合理，关键要看第三产业比重，第三产业比重越高，结构就越合理。此看法显然是来自“配第—克拉克定理”。威廉·配第（William Petty）在1672年出版的《政治算术》中曾比较过英国农民、手工业者与船员收入，得到的结论是：从业之利，农不如工、工不如商。于是他预言说：劳动力将会从第一产业依次向第二、第三产业转移。1940年英国学者克拉克（Colin Clark）又以40多个国家的历史数据作样本，验证了配第的这一预言。

“配第—克拉克定理”没有错，但很多人却不知道该定理只有在两个约束条件下才成立：一是发展阶段（时间）约束；二是分工范围（空间）约束。发展阶段约束是指该定理只存在于工业化初期与中期，工业化后期并不成立，今天欧美制造业强势回归就是例证。分工范围约束，是指该定理的适用范围要由分工范围决定。若分工仅局限于一个县，该定理就只适用于这个县；若分工扩大到一个省，此定理就适用于这个省；若一个国家形成了地区分工，此定理就适用于这个国家而不适用于某个地区。

举例来说，假定一个国家有甲、乙、丙三个地区，甲地的比较优势是农业，乙地的比较优势是工业，丙地的比较优势是第三产业。若这个国家已经形成了地区分工，这样甲、乙、丙三地应各自发挥自己的比较优势，大可不必拘泥于“配第—克拉克定理”。从单个地区看虽然每个地区都不符合该定理，但只要这个国家仍处在工业化中期，其整体结构演进趋势仍会与该定理一致。以19世纪的英国为例，那时英国的结构演进符合“配第—克拉克定理”，但德文郡却是发展农业，曼彻斯特是发展工业，伦敦则是发展金融服务业。

目前各地都制定出了“十三五”规划，据了解，不少地方政府信誓旦旦地表示，要大力发展第三产业。在笔者看来，这还是政府主导调结构的思路。我国第三产业应该发展，但并不等于各地要齐头并进，更不应拔苗助长。不然大家一窝蜂，地区结构肯定会雷同，而且容易导致实体经济虚脱。所以，结构调整还是应该按照中央精神，让市场起决定性作用，同时发挥好政府作用。政府要做的就是最大限度地放开商品价格，让价格充分反映市场供求，努力创造公平竞争环境，让生产要素自由流动，全方位地提供公共服务，针对结构瓶颈补短板。

三、绿色发展的关键一招

迄今为止人类已经历农耕文明与工业文明两个阶段，目前正处在向生态文明转型的过程中。党的十八届五中全会提出要“坚持绿色富国、绿色惠民，为人民提供更多优质生态产品，推动形成绿色发展方式和生活方式”。这标志着我国将全面启动从工业文明向生态文明的转型。

人类文明为什么转型？制度学派创始人凡勃伦在分析社会转型时曾提出：一个社会哪个阶层拥有了最稀缺的资源，那个阶层就会成为这个社会的主导阶级。如奴隶社会，由于当时生产力低下，最稀缺的是人手，所以拥有奴隶的奴隶主就成了统治阶级；后来随着人口增长，人手不再稀缺而土地变得稀缺，于是地主成了统治阶级；再后来发现了新大陆，土地不再稀缺而资本稀缺，于是资本家成为统治阶级。

笔者认为用“稀缺”解释社会转型并不科学，社会转型应该用生产力与生产关系的矛盾运动解释。不过，用“稀缺”解释文明转型倒是可取的。比如，封建社会产生农耕文明，原因就是粮食短缺。马尔萨斯当年主张控制人口，理由是粮食增长要比人口增长慢。也正是由于粮食短缺，封建社会的文化风俗以及各类祭祀活动皆与粮食生产相关，这样便产生了农耕文明。而到了封建社会末期，由于工具改进与耕作技术进步，温饱得到基本解决，人们的需求层次提升，“奢侈品”就显得稀缺，这样便催生了工业文明。

工业社会的到来，极大地丰富了物质供应，但同时也损坏了生态环境。相对于物质供应来说，今天好的生态环境反而稀缺了，人们更需要洁净的空气、健康的食品与优美的环境。30年前，我们还把“烟囱林立”作为文明的标志，可近年来媒体时有报道，有地方招商由于项目有污染而遭到群众反对。由此来看，中央提出的绿色发展，既顺乎民意，也顺应了文明转型的一般规律。

怎样才能实现绿色发展呢？若要对症下药，我们得先弄清生态环境为何会被破坏。对此人们可以罗列出许多原因，但经济学认为根本原因就一个：企业私人成本与社会成本分离。比如，有一家造纸的工厂，其私人成本是企业直接成本（原材料、工资及管理费等），而排放废水、废气对环境的损害所发生的成本（治理环境的费用与居民受到的损害）却转嫁给了政府或居民承担，故称社会成本。正由于企业不承担社会成本，所以才对生态环境漠不关心，甚至肆无忌惮。

据此分析，保护生态环境的关键一招，就是要将社会成本内化为企业成本。那么，怎样内化呢？20世纪初英国经济学家庇古提出过一个方案，即先由政府向排污企业征税，然后再补偿给居民。此办法无疑是一个思路，也有国家曾经照此实行。可诺贝尔经济学奖得主科斯认为，庇古方案虽能将社会成本内化，但并非解决环境问题的唯一方案，也不是最好的办法。

科斯提出的方案是，根据交易成本高低分摊社会成本，分为两步：第一步，将社会成本量化为企业排放权；第二步，由政府对排放权进行分配。如果政府将排放权全部分配给企业，企业就无须承担社会成本；相反，若排放权不分配给企业，企业就得承担全部社会成本。至于排放权在企业与居民间具体怎么分配，政府要根据交易成本决定。请注意，这里的交易成本是指政府为分配排放权而产生的有关信息搜集、谈判沟通、组织协调、维持稳定等非生产性费用。

中外大量的经验表明，在工业化初始阶段，由于环境未出现普遍污染，公众环保意识不强，若将排放权界定给企业不会有人反对，交易成本会相对较低。但随着工业化的推进，特别是到了工业化中期以后，由于环境逐步恶化，公众环保意识增强，若仍将排放权全部界定给企业，往往会招致居民抵制，交易成本会升高。由此得出的启示是，随着工业化提速，企业排放权的分配比例应逐步调低，居民的分配比例应逐步提高。

分配排放权是将社会成本内化为企业成本的重要一步，但并非仅限于此，政府还得开放排放权市场，让排放权可以进入市场交易。若排放权不能交易，不仅社会成本难以内化，而且大量超标排放的企业由于无处购买排放权会立即停产，导致失业增加。排放权市场开放后，超标企业可到市场购买排放指标，这样有了缓冲期，企业便有时间进行技术改造，最终实现节能减排。

不过有一个可以预想到的难题，开放排放权市场后，即使市场有排放指标供应，但也会有少数企业因买不起排放指标而难以存活。对此，政府绝不可心慈手软。我们要实现绿色发展，淘汰一些高污染企业在所难免，长痛不如短痛，何况开放排放权市场本来就是为了淘汰部分落后企业。以往限排是靠政府行政指令，而现在用的是市场机制。既然都是淘汰，就不如由市场优胜劣汰。

要特别指出的是，淘汰部分高排放企业只是目的之一，另一个更重要的目的，是鼓励企业减排。比如，当政府将排放权指标分配给企业后，若有企业节能减排，自己用不完的指标便可到市场去卖，这对企业来说无疑是一种正向激励。如果说政府过去行政限排主要手段是"罚"，那么排放权交易则是恩威并重，有奖有罚。

四、开放发展的共赢模式

改革开放 30 多年，中国经济的高歌猛进，对外开放可谓居功至伟。回顾第二次世界大战后的经济史，战后所有迅速致富的国家，无一不是世界市场的受益者。1945 年的欧洲弹痕累累，重振经济需要购置大量设备，资金从哪里来？马歇尔计划其实只是个开端，源源不断的后续资金靠的是欧洲对美国的贸易顺差。

与欧洲同样幸运的还有日本。日本是一个资源匮乏的国家，国内市场容量有限，但日本的成功之处就在于它把握住了世界市场的每一个机会，从中东进口石油，向世界倾泻产品。由此，日本用了不到 40 年的时间，就从曾经的战败国一跃成了世界第一大债权国。其他像"亚洲四小龙"，以及后来的

“亚洲四小虎”，都是靠出口导向战略起家的。

但真理再往前走一步，则可能是谬误。1997 年以前，几乎所有人都众口一词，说 21 世纪是亚洲的世纪。可历史却开了一个近乎残酷的玩笑，亚洲的世纪还没有来临，金融危机却抢先到来了。东南亚等来的不是进一步的繁荣，而是企业破产与大量失业！

这样就给我们提出一个问题，中国作为一个大国，在当前世界经济普遍不景气的背景下，如何实行开放发展？我们以往的经济高增长得益于出口导向战略，那么今后是否还能沿用这一战略？党的十八届五中全会指出，要“奉行互利共赢的开放战略，坚持内外需协调、进出口平衡”。大家想想，为什么现在中央要强调“内外需协调、进出口平衡”？因为只有这样，我们才能充分享受国际分工的好处。

为帮助大家理解中央的这一精神，我们不妨先从国内贸易分析入手。众所周知，亚当·斯密当年写《国富论》是从分工下笔的，指出分工可提高效率，而且他认为（产业）分工是由绝对成本（自己与别人比的成本优势）决定的。比如我和你，我种粮的成本比你低，织布的成本却比你高，而你呢，种粮的成本比我高，织布的成本却比我低。这样比较起来，我的绝对优势是种粮，你的绝对优势是织布。亚当·斯密说，只要按各自绝对优势分工，我种粮你织布，然后彼此用粮与布交换，双方皆可节省成本。

后来李嘉图对亚当·斯密的理论作了拓展，指出决定分工的不只是绝对成本，还有比较成本（自己与自己比的成本优势）。不过无论是亚当·斯密还是李嘉图，他们讲分工都有个同样的前提，那就是交换。若无交换，即便存在绝对优势（或比较优势）也不可能有分工。还是举前面的例子，我专种粮而你专织布，但若我不能用粮食换你的布或者你不能用布换我的粮食，不能互通有无，我和你怎么可能分工呢？

这个例子暗含一个重要推论：企业生产商品是为了卖（满足别人的需求），而卖的目的则是为了买（满足自己的需求）。简言之，国内贸易是“为买而卖”。因为对商家来讲，不卖就无法买，不买也就无须卖。事实确亦如此，这在早期物物交换中我们可以看得更清楚，只是由于货币的出现，商家这种“为买而卖”的动机渐渐被人们漠视了。

回头再看国际贸易。其实，国际贸易与国内贸易道理相通，出口也是为了进口。不然，一个国家若不想进口，出口的目的又是什么？经济学讲参与国际贸易可分享国际分工的利益，是说出口自己生产率高的产品而进口对方生产率高的产品可以双赢。若你只出口不进口，别人享受了你价廉物美的商品，而你却不去分享他国高生产率的利益，这样你岂不是赔本赚吆喝吗？

有人说扩大出口可以创汇。出口当然可以换回外汇，但换外汇并不是出口的最终目的。要知道，一个国家出口的商品是国内实实在在的资源，而外汇不过是进口国给出口国开具的借条，若出口国不将外汇用于进口，外汇就是一张纸，毫无用处。也就是说，过度追求贸易顺差，实际是对国际分工利益的主动放弃，而且长此还会受人以柄，加大与其他国家的贸易摩擦。这正是当下我们的难题，不管怎么说，外储过多是以往外贸“出多进少”的结果，所以中央强调今后要实行积极的进口政策。为此，我们的外贸政策就应做相应的调整：当务之急，是要在巩固现有出口市场份额的基础上，向全球扩大市场开放，进一步加大进口力度；同时，要逐步减少或取消出口优惠，促进内外资企业一视同仁、公平竞争，推动外贸向优质优价、优进优出转变；要有序实现人民币资本项目可兑换，推动人民币国际化，让人民币成为可兑换、可自由使用货币。

开放发展是一个系统工程，对如何实现开放发展，中央还在操作层面提出了一系列重大战略举措。如“一带一路”建设、深化内地和港澳、大陆和台湾地区合作发展、积极参与全球经济治理以及建立高标准自由贸易区网络等。可以预见，随着这些战略举措的实施，我国必将出现一个对外开放的新布局，开放的内涵会更加丰富，开放的水平也会进一步提升。

五、共享发展的分配原则

早在 1985 年邓小平同志就讲过：“鼓励一部分地区、一部分人先富裕起来，也正是为了带动越来越多的人富裕起来，达到共同富裕的目的。”党的十八届五中全会指出：“共享是中国特色社会主义的本质要求。必须坚持发展为了人民、发展依靠人民、发展成果由人民共享，作出更有效的制度安排，使全体人民在共建共享发展中有更多获得感”。笔者理解，中央这里所强调的“有效的制度安排”，主要是收入分配要体现公平。

从理论上追溯，最早重视分配公平的思想家是马克思。当年马克思在《资本论》中预言资本主义制度将被新制度替代，一个重要依据，就是资本主义的生产资料私人占有与分配制度不公平，从而导致了财富积累与贫困积累两极分化。一个不公平的社会制度，必被历史淘汰。

事实上，公平是人类与生俱来的追求。美国著名学者罗尔斯在《正义论》中曾举过一个例子，把一群人送到一个远离现代文明的孤岛，让他们一切从零开始，谁也没有财产，也不知自己的未来，这样由他们就分配制度设计——均等分配还是差别分配作协商，结果怎样？罗尔斯断定，多数人会选择均等分配。这虽是个假设的例子，但罗尔斯的推定不无道理，人类社会早期其实就是均等分配。

对为何要实行公平分配的问题，英国经济学家庇古在1920年出版的《福利经济学》一书中提出了这样一个观点：即便社会财富不增加，只要收入实行均等化分配也能增进社会福利。何以如此？他的理由是，穷人1元钱的效用要比富人1元钱的效用更大。对富人来说，多1元钱不过是锦上添花，少1元钱也无伤大雅；可对穷人来说，多1元钱是雪中送炭，少1元钱则可能影响生存。这样将富人的收入转移一部分给穷人，社会福利会因此增大。

在20世纪前半期，庇古的这一观点广受关注，并影响过西方国家的政策。当然，其间也受到不少人批评。批评的理由有两点：一是认为效用属于主观感受，无法横向比较。穷人缺钱可能买不了自行车，富人缺钱可能买不起汽车，所以不能说穷人一块钱的效用就比富人大。二是认为公平与效率同等重要，不能顾此失彼。若只强调公平不重视效率，长此以往，经济发展会停滞，最后富人也会变成穷人。

公平分配当然不能搞绝对平均主义。其实在庇古之前，意大利经济学家帕累托就提出过关于福利优化分配的标准。在帕累托看来，福利分配的最优状态是指在既定分配状态下，任何改变都不可能使至少一个人状况变好，而不使任何人状况变坏。通俗地讲，若不减少一个人的福利就无以增加另一个人的福利，分配如果达到这样一个状态，便是最优的分配。

帕累托还指出，福利分配除了最优状态，同时也存在次优状态，即不减少任何人福利仍可增加某人的福利。学界称此情形为“帕累托改进”。有这种情况吗？当然有。比如当年中国农村改革实行家庭联产承包制，农民收入增加，城市居民并未因此受损。帕累托强调，只有“改进状态”的收入调整，才可同时兼顾公平与效率。

然而困难在于，收入分配调整并不能仅局限于“帕累托改进”，为了照顾公平，政府有时不得不动富人的奶酪。那么富人的奶酪在何种条件下才可以动呢？对此美国学者卡尔多提出了“假想补偿原则”。“假想补偿”当然不是真的补偿，而是指政府调节收入可以抽肥补瘦，但要有前提，即穷人得到的收入能足以弥补富人的损失，否则动富人的奶酪就得不偿失。

举例来说，用富人的 100 元收入补贴穷人，若穷人收入因此增加了 110 元，这样补偿富人 100 元损失后还多出（社会总收入）10 元，倘若如此，卡尔多认为这种收入调整可取；反之若用富人 100 元收入补贴穷人，结果穷人收入只增加 80 元，穷人增加的收入不仅不能补偿富人的损失，而且社会总收入还减少了 20 元，这种收入调整显然不合算，也不足取。

问题是怎样才能让补贴有效率？著名经济学家弗里德曼有一个设想，即采用负所得税方案予以补贴。负所得税的计算公式是：负所得税（补贴）＝社会贫困保障线－个人实际收入×负所得税税率；而个人实际可支配收入＝个人实际收入＋负所得税（补贴）。弗里德曼说，用这种办法补贴穷人的最大好处是，补贴兼顾效率，可鼓励贫困者通过勤奋劳动脱贫。

请看下面的例子。假定政府规定的贫困保障线为 1000 元，负所得税税率为50%，若某穷人的实际收入为1000元，按上面的公式算可得负所得税（补贴）500元，最后个人实际可支配收入（实际收入加补贴）为1500元；若实际收入500元，可得负所得税（补贴）750元，个人实际可支配收入为1250元；若实际收入为0，则可得负所得税（补贴）1000元，个人实际可支配收入也只有1000元。可见，实际收入越高，最终个人实际可支配收入也越高。

以上是经济学关于分配的相关理论，转向政策层面，这对我们正在进行的“扶贫攻坚”有三点启示：第一，共享发展体现社会公平，事关人心向背，故防止两极分化是政府义不容辞的职责；第二，调节收入分配应优先“帕累托改进”，凡是不存在外部负效应的分配改革，皆应尽快推进；第三，调节贫富差距要兼顾效率，上策是社会总收入不减少。为此，政府扶贫要立足“造血”，帮助将蛋糕做大。

第一篇　速度换挡篇

第一章 “稳增长”与中国经济

在2013年12月召开的中央经济工作会议上，习近平总书记指出，“我们注重处理好经济社会发展各类问题，既防范增长速度滑出底线，又理性对待高速增长转向中高速增长的新常态。”① 这是中央首次提出“新常态”。随后习近平总书记多次阐述并发展丰富了“新常态”的内涵。中央最初提出“新常态”，主要是指经济增长速度从高速增长转向中高速增长，而中国经济增速调整也引起了国内外的广泛关注。

一、增速调整绝非硬着陆

2011年年初中央提出“稳增长”，当年GDP增速即从上年的10.6%降至9.5%，2012年跌破8%达到7.7%，2013年和2014年GDP增速继续下行，分别为7.7%和7.4%，2015年跌破7%，达到6.9%。经济增速持续下行引发广泛关注，国际上不断出现唱衰中国经济的声音，而“中国经济崩溃论”也甚嚣尘上。当然，西方每一次唱衰中国都有新的包装，当前

---

① 陈芳：《施芝鸿独家解读新常态：认为GDP不再重要是误解》，http://news.ifeng.com/a/20150304/43268312_0.shtml.

主要有两种观点：一是认为短期内中国经济将硬着陆。近年来，很多学者和机构认为中国政府发布的经济数据不真实，以发电量、货运量等数据认定中国经济实际已经硬着陆①。又如国际著名投资家乔治·索罗斯在2016年达沃斯世界经济论坛上提出："中国目前主要问题是通货紧缩与高负债率，经济硬着陆很难避免。但肯定可以继续发展两三年时间"。哈佛大学经济学教授、国际货币基金组织（IMF）前首席经济学家肯尼思·罗格夫多次预测中国经济即将崩溃，5年前的观点是房地产市场即将崩溃，现在则将原因指向债务，认为中国庞大的政府债务积累有朝一日会给放大冲击的金融体系制造一个冲击。二是中国经济将陷入长期低增长。人口结构的变化是主要原因之一。而最具代表性的当属哈佛大学教授兰特·普里切特和劳伦斯·萨默斯提出的"长期增长停滞"论。在他们2014年题为《亚洲欢欣症遇上回归均值》的论文中，两位经济学家利用"回归均值"（Regression to Mean）的方法对各国经济增长的历史数据进行实证，认为未来5年到20年中国经济将大幅减速，未来20年中国经济将回归到平均3.9%的均值。② 还有机构和学者以中等收入陷阱来推演中国经济发展，认为中国已经陷入中等收入陷阱，增长将长期停滞。③

---

① 比如美国著名金融机构花旗集团2015年发布的一份报告认为，综合"克强指数"、工业产出和名义GDP的变化后，中国GDP的增长率可能只有5%。资料来源：http：//wallstreetcn.com/node/218370.

② Lant Pritchett and Lawrence H. Summers，"Asiaphoria Meets Regression to the Mean"，Working Paper 20573，NBER.

③ 比如《华盛顿邮报》刊登的《中国的下一个挑战》就明确提出，增长放缓并非中国的过失，而是完全可以预见的，其解释就是中等收入陷阱。资料来源：http：//china.cankaoxiaoxi.com/2014/0321/363831.shtml.

中国经济增速放缓是事实，但这绝不等于经济崩溃。其实，当前经济增速放缓是我国政府顺应经济规律主动调控的结果，目前经济增速仍在经济增长的目标区间内，而且政府还有降准、降息、扩大赤字、减税等很多政策工具可以使用，完全有能力守住经济增长下限。更重要的是近几年虽然增速下行，但经济发展质量在提升，结构在改善，就业在扩大，居民收入在增加，除经济增速外的很多经济指标都在持续改善。西方以经济增速放缓判断中国经济硬着陆，不过是以旧的速度思维看待中国经济，没有看到新常态下中国经济结构的转型升级，没有看到中国经济从追求速度向追求质量的变化。即使 2015 年 6.9%的增速，在世界上也是相当高的，不仅远高于发达国家，也高于大部分发展中国家。如果把中国 7%左右的经济增长速度冠以“经济崩溃”，那该如何评价其他国家的经济增长？至于以 GDP 和货运量、用电量的背离来推断中国经济增长数据失真也是缺乏真实依据的。根据我们在基层的调研，中国 GDP 数据和货运量、用电量等数据的背离很大程度上是因为经济结构调整造成的。产业从原来的工业为主转向服务业为主，从原来耗电量高的重化工业转向耗电量低的新兴产业，导致 GDP 和货运量、用电量之间的相关性大幅减弱。因此，这种背离并不意味着 GDP 数据失真，反而证明了中国经济结构的升级和改善。

债务率过高是西方“看空中国”的另一个原因。毋庸讳言，当前中国债务率确实处在比较高的水平，也正是基于这一现实，中央已经明确要求今后主要任务之一就是去杠杆。但是将高债务与低增长联系在一起，以高债务推演经济低增长甚至经济崩溃则是缺乏依据的。如同罗格夫等人所研究的，高债务与低增长之间确实存在相关性，但是两者之间并不存在因果性，高债务并不必然导致低增长，连马丁·沃尔夫也曾经专门撰文指出“高债务并非总是伴随着低增长”[①]。而且，同其他高债务国家相比，中国的债务有一定的特殊性。其一，中国债务有资产做背书。债务是否会引发危机，不仅要看债务规模大小，债务率高低，更要看是否有足够的资产来对冲债务。中国债务与欧美国家的债务不一样之处就在于欧美的债务大多用于消费，而我国的债务大多用于投资，形成了一些盈利能力和市场价值都不差的资产，这些资产是债务偿还的有力保障。其二，中国的高债务与中国银行主导的金融体系有很大的关系，但是随着中国着力发展多层次资本市场，随着股权融资的扩大，中国的债务水平也可能下降。我国正在研究启动债转股，这也有助于债务率下降。[②] 其三，中国政府仍然拥有足够的资源来解决债务问题。根据中国社会科学院编制的国家资产负债表，2013 年中国国家总负债为 339.1 万亿元，规模惊人，但是当年国家总资产高达 691.3 万亿元，表明中国拥有足够的资产来覆盖债务。[③] 而且，中国虽然总体债务率较高，但是中央政府债务率和居民部门债务率在国际上都处于较低水平，完全可以通过债务在不同部门的转换来降低债务风险。2016 年 3 月，国际评级公司穆迪将中国政府信用评级展望由“稳定”调降至“负面”，其主要理由之一就是中国政府的债务水平。但

---

① 〔英〕马丁·沃尔夫：《高债务并非总是伴随低增长》，http：//m.ftchinese.com/story/001050149.

② 李克强总理在十二届人大四次会议答记者问时指出：企业债务率高是老问题了，还是要坚定不移地发展多层次的资本市场，而且也可以通过市场化债转股的方式来逐步降低企业的杠杆率。

③ 李扬、张晓晶、常欣等著：《中国国家资产负债表 2015：杠杆调整与风险管理》，中国社会科学出版社 2015 年版。

即使如此，穆迪在报告中也承认，中国仍有较高的偿债能力，因为中国有大笔的国内储蓄可以继续支持政府债务。虽然政府债务上升的形势趋向严峻，但是可控的。

2015年下半年以来，随着美元加息成为现实，人民币汇率面临一定的贬值压力，资本外流加大，外汇储备持续减少，这也引发了部分人士的担忧。关于人民币汇率，中国政府早已指出，“人民币汇率不存在持续贬值的基础”。事实也是如此，2015年8月11日汇改以来，人民币汇率呈现出双向波动格局，有贬有升，并没有出现如某些机构所预期的持续贬值的现象。资本外流在当前资本账户没有完全放开的情况下是可控的。外汇储备从2014年6月最高峰的39932.13亿美元下降到2016年2月的32023.21亿美元，20个月锐减7908.92亿美元，规模确实不小，以至于很多机构预测中国外汇储备3年内将损耗殆尽。外汇储备的下降虽然规模大，但中国的外汇储备仍然处在国际机构计算的充足水平之上。而且，我国除外汇储备管理机构持有外汇资产外，部分政府机构持有的外汇资产也在实质上起到外汇储备的作用，这部分资产也达到近10000亿美元。何况外汇储备减少并不等于外汇外流，部分储备可能只是从政府转移到了企业和居民手中，在预期改变的情况下仍有可能转回政府。因此，不能用线性思维来看待外汇储备减少，外汇储备是一个动态调整的过程。

经济增速放缓导致银行不良资产率上升，在国际上引起一系列揣测，有的机构预测中国银行业将因不良资产损失3.5万亿美元①，有的机构则预言到2016年年底中国银行业将出现

---

① Hayman Capital Management, “The ＄34 Trillion Experiment: China's Banking System and the World's Largest Macro Imbalance”, February 10, 2016.

22%的不良资产率[①]。这些机构以银行不良资产高企预言中国将出现银行危机进而导致经济硬着陆，这个逻辑和1998年的银行破产预言如出一辙。当时西方估算中国银行业不良资产率高达40%，认为中国银行业已经技术性破产。但随后中国在1999年启动了不良资产剥离和债转股，2003年起对国有商业银行进行股份制改革，中国的银行迅速成为全世界最赚钱的银行，银行破产预言不攻自破。近几年我国银行业不良资产率的确有所攀升，但截至2015年年底，我国银行业不良贷款余额为12744亿元，不良资产率为1.67%，这一水平同世界其他国家金融机构比起来仍处于较低水平，也低于次贷危机中美国银行业的不良资产率。与此同时，为了应对未来可能的不良贷款损失，我国银行业在前些年计提了大量贷款损失准备，截至2015年年底，贷款损失准备金已达到23089亿元，远高于不良贷款余额。即使未来不良资产率继续走高，由于目前的商业银行仍然有国家信用背书，因而也不至于因不良资产引发挤提，进而引起金融危机。

至于长期经济增长，虽然人口结构的变动确实会给中国经济增长造成长远压力[②]，但我国人口数量和结构也可以实现动态调整，可以通过放开二孩、鼓励生育、延迟退休、增加女性就业、鼓励农业人口转移等政策继续挖掘人口红利。况且，人口对经济增长的作用不仅仅体现在数量上，也体现在质量上，后面的研究表明，中国人口质量提升空间巨大，并将对长期经

---

① 《纽约时报》:《中国不良信贷或超5万亿美元，加剧世界经济风险》，http://cn.nytimes.com/business/20160204/c04db-badloans/.

② 参见本书“经济增速调整的背景”部分。

济增长形成很好的支撑。[①] 兰特·普里切特和劳伦斯·萨默斯的研究在方法上是正确的，但其假设和结论在美国也受到质疑[②]，针对中国提出的3.9%的增长预期也并不一定成立。中国很有可能成为他们所谓的均值回归的例外。毕竟在兰特·普里切特和劳伦斯·萨默斯的研究中，中国在过去的发展中已经出现了一次例外——在历史上超高速增长的情景总共出现了28次，平均维持时间为9年。而中国已经维持了37年的超高速增长，早已打破全球其他国家的均值。那么中国能否继续打破回归均值呢？当然有可能，兰特·普里切特和劳伦斯·萨默斯在文中也承认，“当然，未来一二十年，中国经济增速仍可能保持在6%～9%的水平”，只是“由于经济增速回归全球均值的客观规律，这将是一个小概率事件”。

至于“中等收入陷阱”与经济下行，两者并没有必然联系。从我国现实看，当前经济下行更多的是政府主动调控的结果，与“中等收入陷阱”无关。而且，“中等收入陷阱”这一提法本身也并不科学。“中等收入陷阱”的发明者是世界银行，意思是说，进入中等收入的国家通常会面临一个两难境地，在工资成本方面无法与低收入国家竞争，而在高新技术方面又无法与高收入国家竞争，上下被挤压，于是中等收入国家很容易陷入增长停滞期。骤然听，似乎不无道理，然而仔细思之发现

---

① 参见第二章“新常态下经济增长的潜力”。

② “长期增长停滞”的观点并非萨默斯首创，最早是由阿尔文·汉森1938年提出的，指大萧条后由于缓慢的人口增长和技术进步导致就业、工资和经济低增长。但是美国在第二次世界大战后的“婴儿潮”带来的人口扩张和技术进步显然打破了汉森“长期增长停滞”的预言。萨默斯重新提出“长期增长停滞”得到了部分经济学家的支持，证据仍然是人口低增长、技术进步乏力；但也有一些经济学家对此不以为然，如美国前美联储主席伯南克就认为美国经济增长停滞只是短期现象。

问题颇多。首先，所谓两难境地完全不成立，中等收入国家难道不能用自己的低工资与高收入国家竞争，用技术与低收入国家竞争吗？其次，“中等收入陷阱”得出的是一种经验观察，但样本范围过小，反面证据又多，妄作结论略显牵强。最后，不论低收入国家还是高收入国家，经济都可能并且出现过停滞，如此岂不是可以搞一个“全收入陷阱”出来？所以，拿一个似是而非的理论来论证当前经济下行，纯属危言耸听。实际上，在国际经济学界，对中等收入陷阱的质疑也广泛存在。兰特·普里切特和劳伦斯·萨默斯研究得出，就中国而言，人均收入 7110 美元（2011 年中国人均收入水平）时经济减速的概率为 4.5%；当人均收入增加至 20000 美元时，其经济减速的概率上升为 5.7%。由此可以看出，经济减速的概率受收入水平变化的影响很小。他们认为，中国经济减速的风险主要源自于超高速增长，而不是人均收入的提高。[①]

在改革开放近 40 年的历程中，每当中国经济出现一些所谓的问题，西方就会冒出“唱衰中国”的声音，而中国则用一次次的经济跨越发展不断打破西方的预言。相信这次也不会例外。伴随着经济增速调整出现的“唱衰中国”，将随着新常态下新的发展不攻自破。实际上，有些“看空中国”、“唱衰中国”的机构和学者在唱衰的时候也不忘给自己留条退路。比如，穆迪在将中国政府主权信用评级展望调整为负面的时候就表示，若对经济和政策的信心改善、改革尤其是国有企业和金融部门的改革坚定推进、资本账户进一步开放，中国资本外流

① Lant Pritchett and Lawrence H. Summers，“Asiaphoria Meets Regression to the Mean”，Working Paper 20573，NBER.

减缓的话，也将把中国评级展望由负面再次调整为稳定。诺贝尔经济学奖得主克鲁格曼2011年就在预言中国经济崩溃，但中国经济一直稳定增长到现在，以至于克鲁格曼在2015年面对中国听众演讲时提出，“我要发表一个免责声明，我不是中国专家，我讲的很多东西都是听别人说的”。[1]

二、经济增速调整的背景

针对最近的经济增速调整，习近平总书记曾明确指出，这次经济下行是政府调控的结果。从实践来看，2011年政府为了“稳增长”开始实施稳健的货币政策，中国人民银行6次提高存款准备金率，3次加息；同时又对房地产市场进行严厉调控，将企业最低工资标准提高20%。这一系列政策的出台，当然会把经济增长稳下来。

也许有人会问：如果不是政府主动调控，我国经济今天是否仍会高增长？答案是肯定的，至少到2020年保持8%的增速应该不成问题。我们可以回顾一下前两次金融危机的情形。1998年亚洲金融危机爆发后，国际上曾有权威机构预测，中国经济增长不仅不能保持8%，甚至会跌破5%，结果我国经济增长却达到7.8%。有人怀疑中国GDP有水分、不真实。当年朱镕基同志说，增长率是当年GDP与上年GDP的比值，不排除我们的GDP有水分，但水分年年有，只要今年不比往年多，分子分母一约就没水分了，所以我们的增长率是可靠

---

① 资料来源：http：//www.guancha.cn/Paul-Krugman/2015_01_24_307394.shtml.

的。巧合的是，2008 年美国爆发金融危机，2009 年年初我国提出要保 8%的目标，当时也有人认为保不住，结果却增长了 9.2%。

两次金融危机我国都能保持高增长，设想一下，如果近 3 年中央仍然希望高增长，那么我国经济应该不会下行。既然如此，中央为何要提出稳增长？其实中央 2011 年提出稳增长，2013 年提出经济新常态，是按照经济规律和客观经济现实作出的决策，也是居安思危、深谋远虑作出的决策。这可以从国际国内两个角度作深入分析。

（一）高速增长面临的国际约束

从国际方面看，由于对外出口和碳排放两大挑战，经济高速增长很难持续。中国经济 30 年高速增长，得益于成功实施“出口导向战略”，出口对我国经济的贡献率在前 30 年达到 40%，我国也由此成为全球第一大出口国。1994 年我国出口突破 1 万亿元人民币，2014 年高达 14.39 万亿元，年均增长 14.82%。尤其 2002 年加入 WTO 后，出口更是飞速发展，2002—2007 年年均增速高达 28.26%（如图 1 所示）。出口高速增长推动了经济高增长。在国际金融危机的影响下，近几年我国出口进入个位数增长时期，可以想见，未来出口很难再出现 21 世纪初的高增长状态。

之所以做出这一判断，主要有几个原因：一是经过改革开放以来 30 多年持续高增长，我国贸易占世界比重迅速上升，继续上升空间有限。1978 年我国商品贸易占世界比重为 0.76%，2014 年上升到 12.38%。从世界范围看，德国和日本都是第二次世界大战后在全球崛起的经济大国，也都是出口导

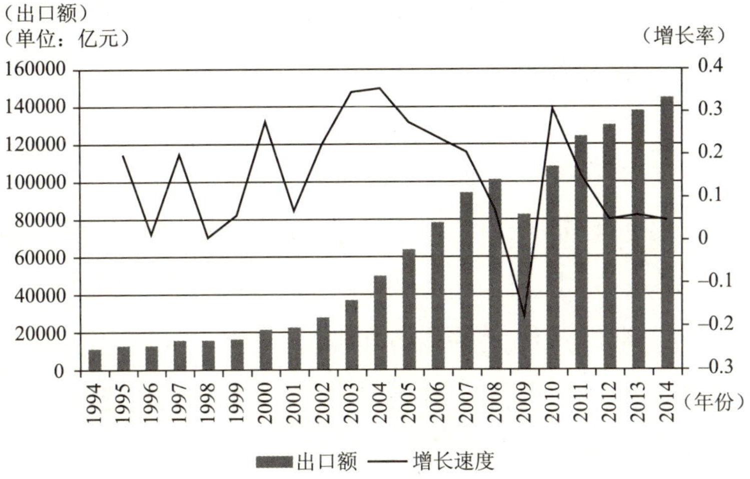

图 1　中国出口规模和增长速度（1994—2014）

资料来源：国家统计局。

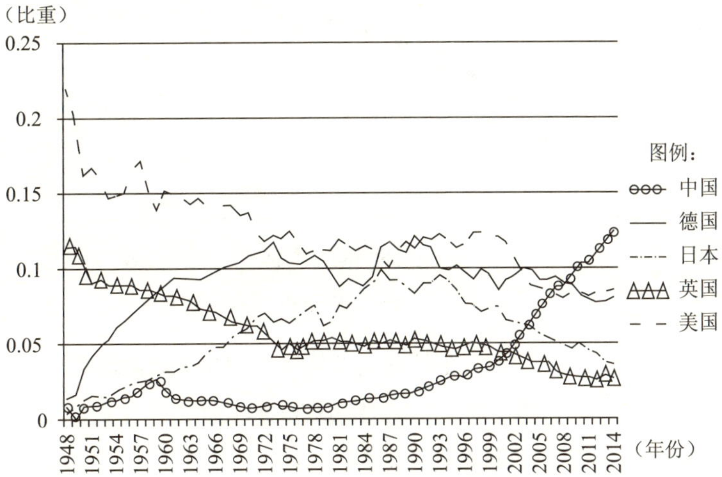

图 2　各国商品贸易占世界贸易比重

数据来源：WTO.

向型国家，第二次世界大战后德国和日本占世界商品贸易比重最高值分别为 12.06%（1990 年）和 9.86%（1986 年）（如图

2所示)。由此可推测,中国商品贸易占比可能正在接近世界可以接受的最高水准。①

二是从我国主要贸易伙伴来看,出口继续扩张也面临巨大压力。原因在于中国商品在这些贸易伙伴国的市场份额已经很高。2014年,中国商品占美国进口货物总额的19.71%,从中国进口的货物和服务占欧盟28国总进口的18%。当一个经济体大约1/5的商品来自于一个国家时,这个经济体出于风散风险、降低依赖的考虑可能会想方设法限制来自这个国家的进口。

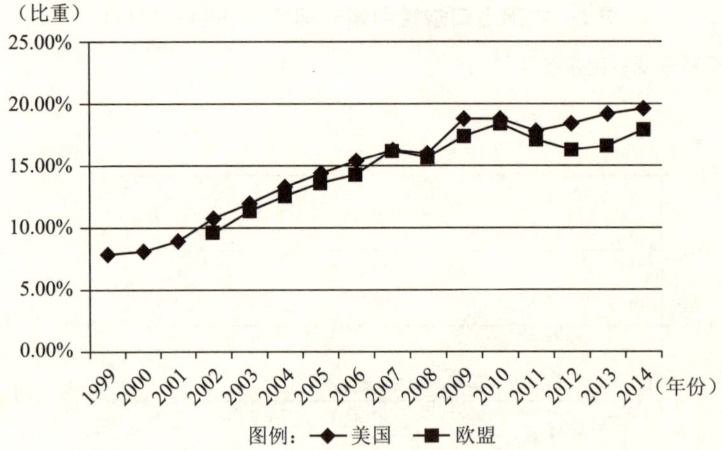

图3 自中国进口的商品占美国和欧盟总进口的比重

注:美国数据为货物进口占比,欧盟为进口贸易占比。

资料来源:BEA,EUROSTAT.

---

① 虽然第二次世界大战后美国商品贸易占全球比重曾在1948年高达21.9%,但那是在第二次世界大战摧毁了全球除美国之外的所有重要生产设施的特殊背景下出现的,参考价值不大。而且第二次世界大战后美国商品贸易占全球比重一直在下降,20世纪70—90年代保持在12%左右,近年来已经下降到10%以下。国内也有学者指出,如果以人口占比来算,中国贸易占比至少可以提升到20%的水平。但在贸易上,其他国家更多感受到的是总量,而不是人均。

也正因为如此，进入新世纪后，我国出口明显受到欧美国家的排挤。美国这些年一直逼人民币升值，美其名曰实行中美“贸易再平衡”。其实，人民币升值并不能平衡美国的逆差，因为我国出口美国的商品美国自己不生产，不从中国进口就得从别的国家进口。醉翁之意不在酒，美国的真正目的是让我国商品在国际市场涨价，打击我们的出口。2010 年当中国成为世界第二大经济体后，奥巴马政府又加速启动“跨太平洋战略经济伙伴协定（TTP）”与“跨大西洋贸易与投资伙伴关系协定（TTIP）”谈判，这两个协定的根本用意，就是要全面围堵中国的出口与对外投资。

三是金融危机后，全球贸易环境有所恶化，贸易保护主义盛行，针对中国的贸易制裁不断增加。据全球贸易警戒机构的统计，2008 年 1 月至今，针对中国的贸易制裁措施共有 3310 起，扣除针对中国的贸易反制裁措施后共有 2388 起，位居全球第一。从单个国家看，印度发起的最多，有 217 起，阿根廷 184 起，美国 160 起，俄罗斯 130 起，巴西 109 起，英国、德国、法国、土耳其、印度尼西亚等国也均在 70 起左右。[①] 这些国家不仅包含有发达国家，也有成长性的贸易伙伴——新兴市场经济体，给中国出口带来了全面的压力。

四是来自碳排放的挑战。2014 年 10 月联合国在华盛顿召开气候峰会，张高丽副总理代表中国政府承诺，2020 年中国的碳排放强度将比 2005 年下降 45%。之所以作这样的承诺，不仅是缘于中国作为一个大国要有大国担当，而且这也是大势所趋。早在 2009 年年底举行的哥本哈根国际气候峰会上，美

① 资料来源于 Global Trade Alert.

国就试图推动建立全球碳排放权交易市场，只是由于当时国家间利益没有摆平才无果而终。长远来看，限制碳排放符合世界各国利益，建立全球碳排放权市场是早晚的事。这个市场一旦建成对我们意味着什么？目前我国是世界上最大的碳排放国，若不将经济稳下来，及早调结构以兑现减排承诺，将来就会成为碳排放权的最大买家，而主要卖家则是工业化已经完成的欧美国家。由于碳排放权供不应求，定价权在他国手里，到时我们只有挨宰的份儿。我们消耗大量资源生产商品出口，换回的外汇很可能不够买碳排指标。

（二）高速增长面临的国内约束

从国内来看，以下三个因素也要求我们调整经济增速：

一是自然资源约束。我国是一个自然资源相对匮乏的国家，可能源消费在世界总量中的占比却非常高。2013 年我国一次能源消耗总量占全球的 22.4%，远高于 GDP 占世界的份额（如表 1 所示）。据统计，我国单位 GDP 能耗很高，是世界平均水平的 2.5 倍、美国的 3.3 倍、日本的 7 倍。与能源消耗大相对应的是我国国内能源储量少，这加剧了国内供应短缺，而且给国际供应也造成压力。以石油为例，2000 年以来，我国石油进口量大幅上升，2000 年进口 7027 万吨石油，2014 年大幅增加至 30837 万吨，石油对外依存度从 33.10%上升到 59.61%（如表 2 所示）。有个现象尤其值得注意，近些年我们从国际市场进口能源，往往是买什么什么涨。这是危险的警示信号，这种状况如不扭转，高能耗的生产方式将难以为继。

表1 各国能源消费情况（2013年）

项目/国家	GDP占世界份额（%）	消耗煤炭占世界份额（%）	消耗石油占世界份额（%）	一次能源消耗总量占世界份额（%）
中国	12.2	50.3	12.1	22.4
美国	22.2	11.9	19.9	17.8
日本	6.5	3.4	5.0	3.7
德国	4.9	2.1	2.7	2.6

资料来源：国家统计局。

表2 中国原油对外依存度 （单位：万吨）

年度	进口量	生产量	消费量	对外依存度
2000	7027	16300	21232	33.10%
2005	12682	18135	30086	42.15%
2010	23768	20241	42875	55.44%
2011	25378	20288	43966	57.72%
2012	27103	20748	46679	58.06%
2013	28174	20992	48846	57.68%
2014	30837	21143	51728	59.61%

注：2014年能源消费量是根据2013年数据和国家统计局公布的2014年原油消费增长速度计算得出的。

资料来源：国家统计局。

二是人口红利消失。我国人口红利大致分为三个阶段：第一阶段是1982—2000年，人口红利对中国经济增长起了很大作用，据估计对人均产出贡献在20%以上；第二阶段是2000—2010年，人口红利开始减弱；第三阶段是2011—2050年，人口红利消失并转为负数。从统计数据看，我国劳动年龄人口已连续3年下降。2012年15—59岁劳动年龄人口93727万人，比上年减少345万人；2013年，16—60岁的劳动年龄人口为91954万人，比上年减少244万人；2014年，劳动年龄人口数量比上年又减少371万人。据中国社会科学院研究预测，在2020年之前，我国劳动年龄人口年均减少155万人；而2020—2030年年均减少790万人，2030—2050年将年均减少835万人。劳动年龄人口不断减少，意味着未来我国的人口扶养负担将不断加重。

三是经济基数越来越大。改革开放以来，我国经济连续30多年高速增长，2010年GDP已近40万亿元，人均GDP也已迈入中等收入国家行列。基数如此之大，即便每年增长1%，所创造的GDP也相当于10年前4个百分点的增长量。2015年我国GDP为67.67万亿元，增长6.9%，一年净增GDP就有4.08万亿元，接近1994年一年的GDP，还超过了全球第17大经济体土耳其全年的经济总量。发达经济体的发展历程表明，经济在发展到一定规模后增速都会放缓，这是经济发展的普遍规律，我国也不例外（如表3所示）。

表3　几个典型国家经济增速调整情况

国家或地区	高速增长期	中低速增长期
日本	1956—1973年，9.2%	1974—1991年，3.7%
德国	1951—1960年，8.2%	1961—1970年，4.4%
韩国	1966—1979年，9.1%	1980—1997年，7.6%
新加坡	1965—1984年，10.2%	1985—2000年，7.1%
中国台湾	1960—1986年，9.5%	1987—2000年，6.8%

资料来源：国家统计局。

正是综合考虑了以上各方面因素，中央审时度势，决定把过高的速度稳下来。2014 年习近平总书记提出“三期叠加”的重要判断，并指出速度从高速转向中高速，结构从中低端转向中高端，增长动力由投资、出口驱动转向创新驱动将成为中国未来经济新常态。既然已进入经济新常态，我们就要积极主动地适应并引领这一历史性的转变。

第二章　新常态下经济增长的潜力

由于国内外各种条件的变化，我国继续保持过去接近10%的高增长已不现实。但是不保持高增长并不意味着不增长或低增长。研究表明，我国经济增长潜力巨大，未来10—15年内完全可以保持中高速增长。

一、后发优势决定中国经济潜力巨大

人类经济发展史上有一个屡屡出现的现象，那就是后发国家追赶先进国家，一段时间内经济快速增长，甚至一段时间后赶超先进国家成为领先型国家。18世纪的英国，19世纪的美国以及第二次世界大战后的日本、德国、韩国、新加坡都是典型的例子。1978年改革开放以后中国也加入了追赶型增长的行列，实现了30多年年均9.8%的高增长。关于后发国家实现高增长的奥秘，经济学界有一种解释是后发优势论。

（一）后发优势论与收敛假说

后发优势论是经济史学家亚历山大·格申克龙（Alexander Gerchenkron，1962）在总结德国、意大利等国经济追赶成功经验的基础上提出来的，后发优势是与其经济的相对落后性共生的，是来自于落后本身的优势。[①] 后发优势的核心是技术差距，技术落后的国家可以通过学习先进国家的前沿技术来获得更高的增长。一个国家越是落后，从先进国家学习并获得技术外溢的效应越大，发展可能就越快。纳尔逊（Nelson，1966）等人证明，后发国家技术水平的提高同它与技术前沿国的技术差距呈线性正比，并且后发国技术进步速度虽然常常高于先发国，但在逐渐接近时又会慢下来，从而保持着一个“均衡技术差距”。也就是说，后发国家在发展过程中会向先进国家收敛，一开始由于双方差距很大，收敛的速度也很快，随着双方差距缩小，后发国家追赶速度变慢，收敛速度也变慢。这就是所谓的收敛假说。

林毅夫认为发展中国家收入水平、技术发展水平、产业结构水平与发达国家有差距，可以利用这些差距，通过技术引进的方式来加速技术变迁，从而使经济发展得更快。[②] 林毅夫通过研究认为中国的后发优势还很明显，在现有基础上还可以持续 20 年的高增长。[③]

（二）基于后发优势的实证研究

后发优势的核心是技术差距，但技术差距很难用数字来描述，因此经济学家在衡量后发优势时选择了人均收入水平

---

① Gerschenkron A.，“Economic Backwardness in Historical Perspective”，Cambridge，Harbard University Press，1962.

② 林毅夫：《后发优势与后发劣势——与杨小凯教授商榷》，《经济学》（季刊）2003 年 7 月第 2 卷，第 4 期。

③ 林毅夫：《为什么我说中国经济 8%增速能维持 20 年》，http：//finance.sina.com.cn/zl/china/20141025/235420642047.shtml.

来替代。人均收入水平反映了人均劳动生产率水平，劳动生产率在很大程度上是由技术决定的。基于此，我们可以通过人均收入水平的比较来判断一个国家的后发优势。出于数据的可获得性和比较需要，我们选择了麦迪森项目统计的人均GDP数据。[①] 我们以美国作为先进国家，1906 年美国人均GDP超过英国，在全球仅次于瑞士等小型国家，此后美国的人均GDP一直处于世界领先地位，其技术水平之领先也是公认的。我们选择了两类后发国家：一是日本和德国，第二次世界大战前它们已经跻身世界发达国家行列，由于受第二次世界大战的打击迅速跌落，第二次世界大战结束后在和平环境中又高速增长，成为当前全球重要的经济体。它们都是大国经济体，在发展中也都采取了出口导向型战略，这两点和中国很类似。二是新加坡和韩国，它们也是第二次世界大战后利用后发优势实现追赶型增长的典型，对中国的借鉴意义在于区域共同，文化类似。

1. 日本。第二次世界大战后日本经济的真正恢复始于20世纪50年代，在美国道奇计划的援助下，日本经济从战后的恶性通货膨胀中走出，走上了高速增长通道。1955 年日本GDP增长 6.2%，随后的 1956—1973 年日本经济年均增长9.2%。1950年日本经济恢复增长时，其人均GDP是美国的20.09%，随后一路追赶，1970 年其人均 GDP 与美国人均GDP之比突破60%，高达64.63%，此后，人均GDP结束了此前的高速追赶，到 1979 年才突破 70%。就增长速度而言，

① The Maddison-Project，http：//www.ggdc.net/maddison/maddison-project/home.htm，2013 version. 这里的人均 GDP 以 1990 年国际 GK 美元不变价格来计算。

1970 年以后 GDP 增速也开始从高位滑落，1974 年其增长中枢从前期的 10%下滑到了 5%左右（如图 4 所示）。

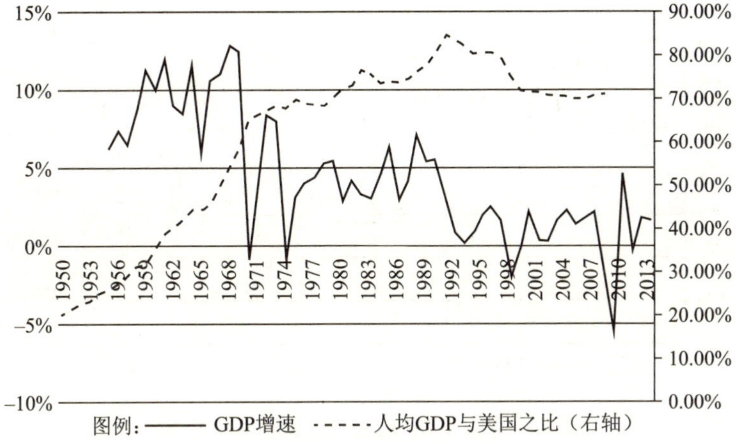

图 4　日本 GDP 增速与人均 GDP 变动

资料来源： 人均 GDP 数据来自 The Maddison-Project，GDP 增速来自世界银行 WDI 数据库，1961 年以前的数据根据日本统计局有关数据计算而得。

2. 德国。德国第二次世界大战后的高增长始于 1950 年，1951 年 GDP 增长 9.7%，此时德国人均 GDP 已经高达美国的 40.59%。1955 年德国 GDP 增速创下 12.1%的战后高点，随后开始回落，1958 年回落到 4.5%，当年德国人均 GDP 为美国的 63.37%。在整个 20 世纪 60 年代，德国的人均 GDP 基本维持在美国的 68%左右，此一时期德国 GDP 增速已经从 50 年代的 8.2%回落到 4.4%。1970 年德国人均 GDP 占美国之比突破 70%，整个 70 年代这一比例保持微弱上升，追赶速度迅速下滑，其年均 GDP 增速也下滑到 2.9%，基本结束了追赶型增长。80 年代开始其人均 GDP 与美国之比开始回落（如图 5、图 6 所示）。

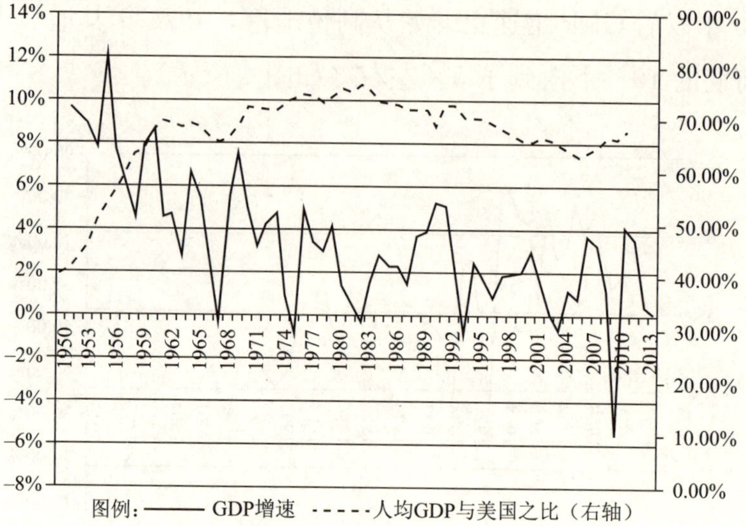

图 5　德国 GDP 增速与人均 GDP 变动

资料来源：人均 GDP 数据来自 The Maddison-Project，GDP 增速来自世界银行 WDI 数据库，1961 年以前的 GDP 增速来自 Federal Statistical Office.

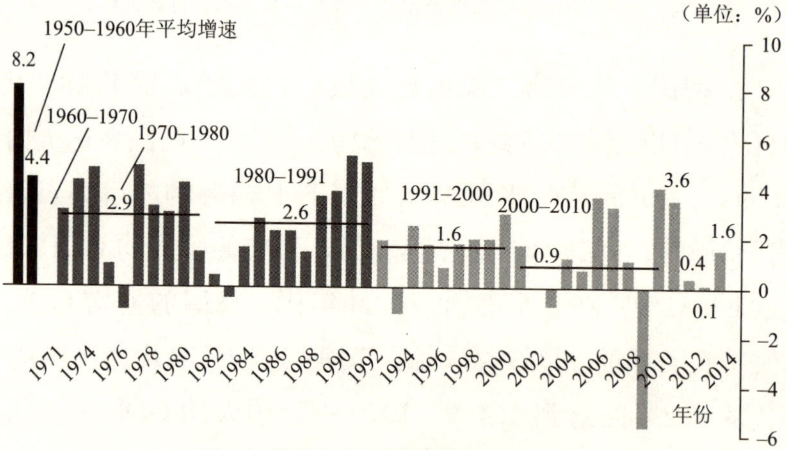

图 6　德国不同时期经济平均增速

资料来源：Federal Statistical Office.

3. 韩国。韩国 1950 年的人均 GDP 仅是美国的 8.93%，随后开始缓慢增长，1953—1965 年基本都在 10%～11%间徘徊，这一时期经济增速也相对缓慢。1966 年其人均 GDP 突破美国的 11％，启动了高速追赶周期。1966 年其经济增速也从上年的 5.19％增加到 12.7％，随后其人均 GDP 一路追赶，保持持续上升态势，直到 1998 年由于受东南亚金融危机影响，其人均 GDP 占美国之比出现了短期下降，此时其人均 GDP 已经高达美国的 51.78％。金融危机结束后，韩国的 GDP 增速再下一个平台，此时韩国人均 GDP 占美国之比已经突破了 60％（如图 7 所示）。

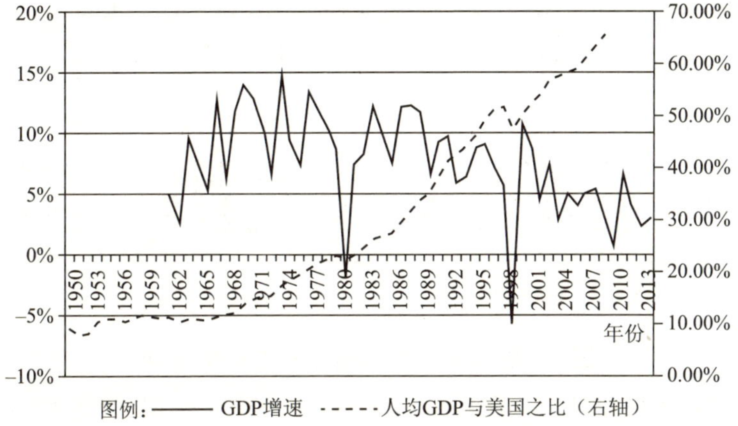

图 7　韩国 GDP 增速与人均 GDP 变动

资料来源：人均 GDP 数据来自 The Maddison-Project，GDP 增速来自世界银行 WDI 数据库。

4. 新加坡。1950 年新加坡人均 GDP 为美国的 23.21％，在整个 20 世纪 50 年代和 60 年代前期这一比例没有明显变化，甚至还有所下降，这说明当时新加坡并没有发挥后发优势展开追赶型增长。1966 年新加坡 GDP 增速突破 10％，高达 10.87％，此后其经济连续 8 年保持 10％以上的增长速度，其人均 GDP 占美国之比也从 1966 年的 20.46％迅速上升，1984 年这一比例在创下 54.36％的历史新高后开始回落，回落 3 年后又开始增长，其 GDP 增速也在 1987 年重新出现了 10%以上的增速。新加坡的追赶型增长的起点是其人均 GDP 占美国 20%左右时出现的，其后一路追赶增长，其增速并没有明显的中枢转换（如图 8 所示）。

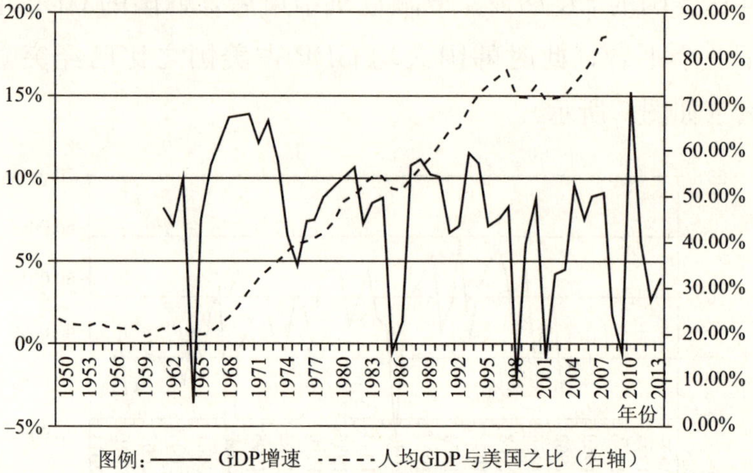

图 8　新加坡 GDP 增速与人均 GDP 变动

资料来源：人均 GDP 数据来自 The Maddison-Project，GDP 增速来自世界银行 WDI 数据库。

5. 中国。1949 年新中国成立后到 1978 年改革开放，我国经济实现了较快增长，但由于人口增速也很快，人均 GDP 与美国之比长期稳定在 5%左右的水平，并没有出现对美国的快速赶超。1978 年我国人均 GDP 为美国的 5.32%，此后这一比例开始保持连续上升态势，到 2010 年已经高达 26.43%。这一时期，我国 GDP 也保持了高速增长，年均增速达到 9.8%（如图 9 所示）。这个追赶过程和上述国家的发展历程有相似性。

通过以上国家的数据分析，我们可以得出几个结论：

第一，后发优势在落后国家是存在的。上述国家在人均

GDP 远落后于美国的情况下均出现了经济的高速增长，其人均 GDP 快速追赶美国，这一过程与后发优势论的描述大体一致。

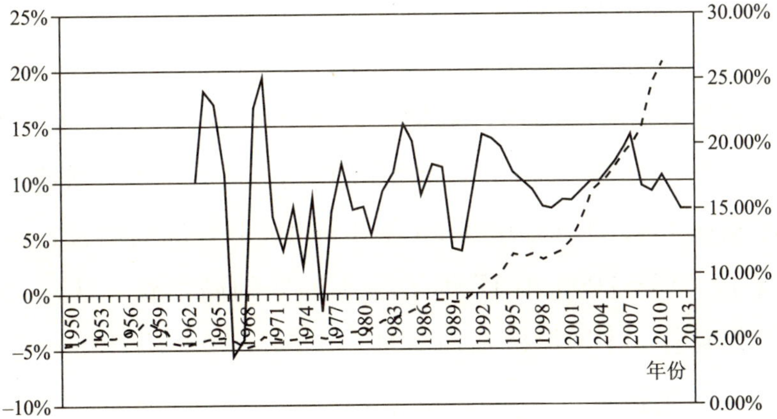

图 9　中国 GDP 增速与人均 GDP 变动

资料来源： 人均 GDP 数据来自 The Maddison-Project，GDP 增速来自世界银行 WDI 数据库。

第二，各国启动高增长追赶周期时人均 GDP 与美国的差距水平各异。日本、德国、韩国、新加坡、中国分别在人均 GDP 为美国的 20%、40%、11%、20%、5%时出现了高增长。而各国在追赶型增长时期的表现也基本上吻合越落后赶超越快的假设。

第三，随着人均 GDP 日益靠近美国，经济增速也有所回落。德国、日本、韩国均在人均 GDP 为美国的 63%～64%左右结束了高增长的追赶。新加坡则在人均 GDP 为美国的 54%时出现了增长速度的短期下滑。究竟接近到什么程度开始经济增速下滑呢？美国加州大学伯克利分校巴里·埃森格林和合作者们在 2011 年（Barry Eichengreen，Donghyun Park，Kwan-ho Shin，2011）曾对 40 个经济体的数据进行了研究，他们发现，样本经济体 GDP 减速发生的最大概率出现在人均收入是美国的大约 60%（按 2005 年的国际价格计算）的时候，而且之后 GDP 增长率平均下降不超过 2 个百分点。

就中国而言，2010 年人均 GDP 为美国的 26.34%，与日本、新加坡追赶型高增长周期的起点差不多，在这一水平上，日本实现了 1956—1973 年持续 14 年的 9.2%的年均增速，新加坡实现了 1969—2007 年 28 年年均 10.67%的高增长，韩国实现了 1983—2000 年 17 年年均 8.14%的高增长。从以上国家的经验看，中国经济在当前水平上保持 10—15 年的中高速增长并非难事。

再换一个角度测算，以 2010 年中国人均 GDP 为美国的 26%作为起点，如果我们接受各国发展中出现的人均 GDP 为美国的 60%作为经济增长减速门槛的话，中国达到这一减速门槛还需多少年？假设中国人均 GDP 保持 7%的年均增速，美国保持 3%的年均增速，从 2010 年算起需要 21 年中国人均 GDP 才能达到美国的 60%。这意味着中国还可以保持 21 年的远超美国增速的中高速增长。

表 4　中国不同情境下达到减速门槛所需年份

中国增速	美国增速	2010 年人均 GDP 与美国之比	目标比例	实现目标所需年份
7%	3%	26%	60%	21 年
			50%	16 年
7%	2%	26%	60%	17 年
			50%	13 年

注：实现目标所需年份进行了整数处理。

以上我们从后发优势理论出发，根据第二次世界大战后后发国家赶超增长的事实推演了未来中国持续高增长的前景。从后发优势的理论出发，一国经济越是落后，其经济增长速度越高。但反观现实，不难发现今天仍有大量落后国家陷于低增长的泥潭，有部分发展中国家不仅没有赶超发达国家，反而在不断拉大和发达国家的差距。也就是说，落后只有发展的潜力，但并不意味着一定能够发展。对中国而言，由于中国经济相对于先进国家——美国而言还处于非常落后的水平，其未来经济增长仍然可以保持较高的增长速度。但是这种增长潜力能否成为增长现实，还要看其他条件是否具备。阿伯拉莫维茨指出，其所提出的追赶假说仅仅是一种假说，把握这一假说的关键在于“潜在”与“现实”的区别，这一假说下的经济增长是潜在的而不是现实的，只有在一定的限制下才能成立。[①] 经济学家们提出了包括技术、教育水平、制度质量、国际环境等因素在内的一系列条件。下文中，我们将分析其中的一些条件，这些条件表明中国未来的经济增长不仅是潜在的，而且是现实的。

二、从支出法角度看经济增长潜力

从支出法角度看，GDP 由投资、消费和净出口构成，投资、消费、净出口的增长可带动 GDP 增长。这也意味着一个国家经济是否具有增长潜力，要看这个国家的投资、消费、净出口是否还有提升空间。

---

① Abramovitz M.，“Thinking about Growth”，Cambridge University Press，1989.

（一）关于投资潜力

最近10年，投资对我国经济增长的贡献率基本稳定在40%以上。投资前景如何对经济增长影响重大，尤其在经济下行时，投资更是政府对冲经济下行的重要手段。我国近10年投资增长率达20%以上，位居世界前列，今后也许我国很难保持20%以上的投资增速，但绝非没有扩大投资的空间。从人均投资规模看，目前我国的水平并不高。2013年我国人均资本形成只有1739美元，比世界平均水平还低905美元。而同期美国是8961美元，韩国、日本、德国等大体在6000～7000美元。要达到发达经济体的水平，我们的投资仍有很大空间（如图10所示）。

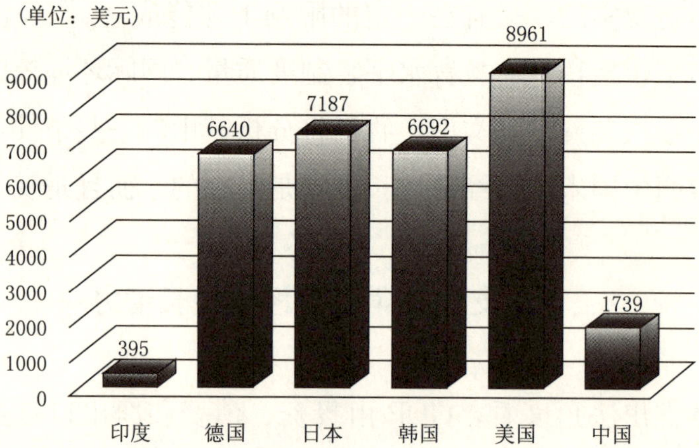

图10　各国人均资本形成比较

注：此处数据用的是2005年不变价格。

资料来源：世界银行，World Development Indicators.

不仅如此，经济学的边际收益递减规律告诉我们：随着投资规模扩大，新增投资所创造的收益将随之减少。反过来说，如果投资回报率上升，则投资规模还会继续扩大。目前国际上通常用增量资本产出率（投资增量/GDP 增量）来衡量一国的投资回报率，增量资本产出率越高，代表实现单位 GDP 增长所需的投资越多，投资回报率则越低。2008 年以来，我国投资规模迅速扩张，但增量资本产出率却有所下降（如图 11 所示），2013 年为 5.68%，而同期美国是 7.31%，日本 13.69%，印度 7.14%，巴西 7.94%（如图 12 所示）。这说明我国无论与发达国家还是与发展中大国相比，投资仍是一项有价值的行为。

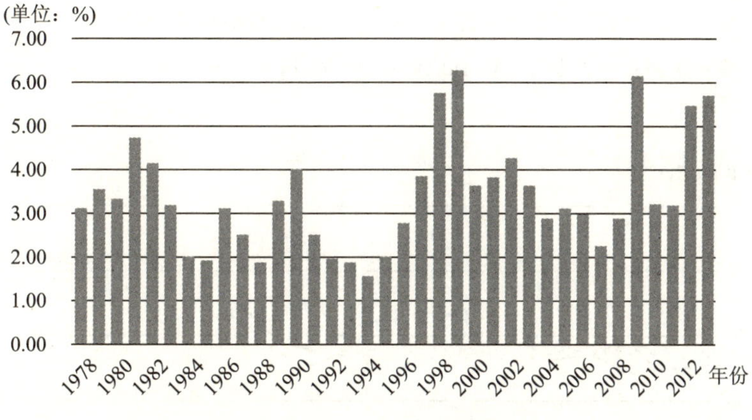

图 11　中国增量资本产出率（1978—2013）

注：本图计算时采用的是以人民币计的不变价格 GDP 和资本形成。

资料来源：世界银行，World Development Indicators.

2000 年后，我国投资率稳定上升，引起国际上很多研究者的不安，世界上还很少有国家出现过如此之高的投资率。但就我国而言，高投资有一个很重要的保障条件，那就是高储蓄。投资由储蓄转化而来，1994 年以来我国储蓄率一直高于投资率，这也使得高投资成为可能，而且高储蓄短期内很难改变，这也为投资继续增长提供了条件（如图 13 所示）。

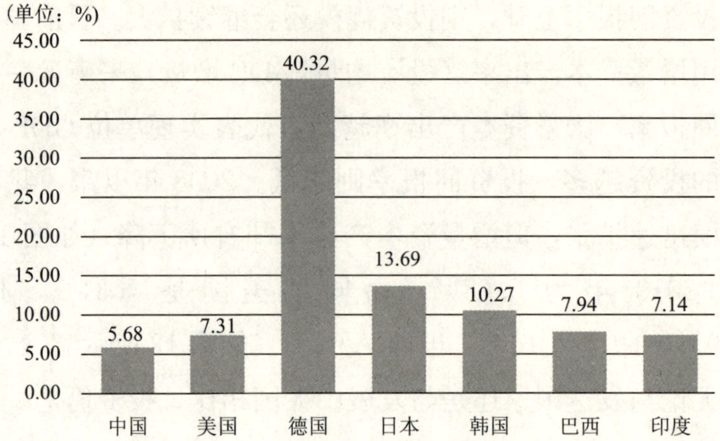

图 12　各国增量资本产出率比较

注：本图计算时采用的是各国以本币计的不变价格 GDP 和资本形成。

资料来源：世界银行，World Development Indicators.

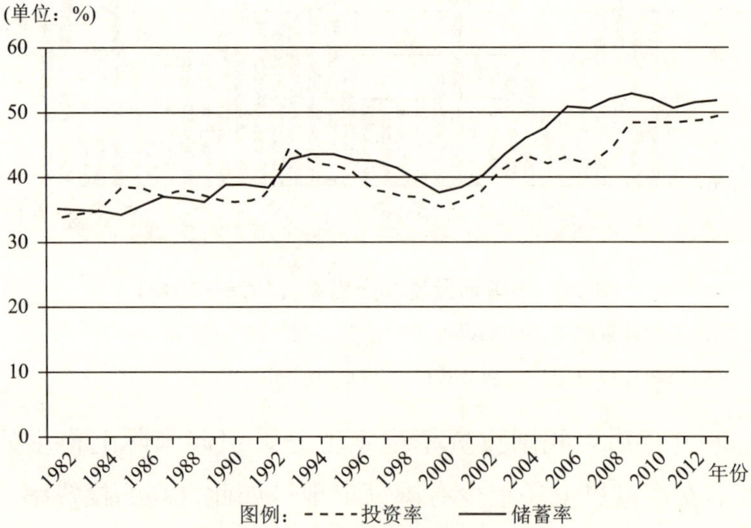

图 13　我国投资率与储蓄率

注：此处投资率计算时用的是资本形成数据。

资料来源：世界银行，World Development Indicators.

（二）关于消费潜力

未来10年，我国消费潜力巨大。根据世界银行提供的数据，2013年我国消费总额4.75万亿美元，人均消费3496美元，而同期美国消费总额高达14万亿美元，人均消费43329美元，我国人均消费仅为美国的8%。假设美国消费按照2%的速度增长，10年后美国的人均消费将达到52818美元，假设10年后我国人均消费达到美国的30%，就是15845美元，将会是目前消费水平的4.53倍，年均可增长16%左右。

当然这只是一种可能。但事实上，我们有三个支撑点可将其变为现实：

第一，城镇化提速。我国目前城乡居民消费差距较大，2014年城乡居民人均消费差距为11585元，随着未来10年1.3亿农村转移人口进入城市，将带来2万亿元新增消费。与此同时，城镇居民中还包括没有户籍的2.7亿常住人口，随着常住人口转为完全意义上的城镇人口，其消费也将扩大。

第二，消费升级。过去30多年，我国实现了多次消费升级，每一次升级都推动消费快速增长。当前正在经历新一轮消费升级，逐渐从产品消费转到服务消费、从物质消费转到文化消费，各种新的消费形式和消费业态不断涌现，并保持强势增长。以电商为例，2014年我国网上零售市场交易规模达28637.2亿元，增速为45%，远超传统商业增速。信息消费也保持了20%以上的高速增长。

第三，巨额储蓄。我国是全球储蓄率最高的经济体之一，2012年世界银行计算的我国储蓄率为51.4%，而世界平均储蓄率为25.3%。储蓄是国民收入减去消费后的余额，储蓄多意味着消费少。如果我国储蓄率降低到世界平均水平，那么每年可增加消费 13.5 万亿元。

（三）关于出口潜力

过去 30 多年我们一直把出口作为经济增长的三驾马车之一，其实出口本身并不直接贡献 GDP。短期内虽然加大出口可以缓解国内过剩压力，但若只出口不进口或少进口，换回来的仅仅是外汇，外汇是其他国家（地区）进口我国商品后开具的借条，不用来进口就是一堆纸。从经济学角度看，一个国家开展对外贸易是要分享国际分工的好处，出口是为了进口，只有进出口平衡才是双赢。对我们这样的非储备国来讲，外汇过多意味着我们放弃了对国际分工收益的分享。今后随着人民币逐步国际化，积累外汇的需要将进一步降低，因此我国未来开展对外贸易目标应是贸易平衡。当前我国已经成为全球最大贸易国，出口占全球 11.7%，进口占全球 10.3%，比例已经不低，那种希望长期保持出口高增长的想法不仅不现实，而且也不必要。当然，出口不追求高增长但也不是说不增长，随着我国“一带一路”战略与“自贸区”战略的实施，今后出口每年保持 6%的增长是可以做到的。特别是服务贸易，我们还有很大的拓展空间。目前我国服务贸易出口仅占世界的 4.6%，而且多年来一直是逆差（2014 年逆差是 1980 亿美元），如果能补齐服务贸易这块短板，未来整个出口还会有可观的增长。

三、从要素角度看经济增长潜力

根据经典的柯布—道格拉斯增长函数：

$Y=AL^{\beta}K^{\alpha}$（其中，Y 是总产出，L 是劳动投入，K 是资本投入，A 是现有综合技术水平下的生产率），产出的增长主要取决于劳动力、资本的增速和生产率的提升。因此，我们可以从劳动力、资本和生产率提升的前景来分析经济增长的潜力。

国内已经有众多学者通过多种计量方法研究了资本、劳动力和生产率对经济增长的贡献，也通过生产函数法估算资本存量、劳动力等变量对未来的潜在增长率进行了测算。在此，我们换个角度，从劳动力、资本、生产率未来的潜在可能来分析经济增长潜力。

（一）关于劳动力

经济学家认为，人口红利是支持改革开放以来中国经济高速增长的重要原因，前面已经指出，近几年由于劳动年龄人口减少和老龄人口增多，人口红利在减弱，经济高速增长的基础也受到威胁。但人口红利减弱，并不意味着我们未来没有人口红利了，劳动力仍然能够支持经济保持中高速增长。

人口红利不能一概而论，具体而言可以分为数量红利和质量红利。从纵向看，人口数量红利确实在减弱，但并非没有潜力可挖，而且从横向国际比较看，我国人口数量优势仍然存在，而人口质量红利则还远远没有被发挥出来。

1. 人口数量红利还有潜力。我们之所以认为人口数量红利还有潜力，主要原因为两方面：一是从国际比较看，我国人口总量仍然具有优势，未来很长一段时间内无可替代。表 5 列示了世界上劳动力总量超过 1 亿的国家和经济体，截至 2013 年，中国劳动力总量仍然保持净增加的势头，劳动力总量超

7.93 亿人，比第二位印度多出约 3.12 亿人，优势明显。从占比来看，中国劳动力总量占世界的比例有所下降，但 2013 年仍然高达 23.93%，这是目前世界上任何一个经济体所不能够替代的。

表 5　劳动力人口规模　（单位：人）

	2000	2005	2010	2011	2012	2013
中国	724325746	758612921	774172295	782422530	787632272	793307655
印度	405190192	464498005	466390538	469805046	472125599	481235954
欧盟	228607000	236541600	244117281	244799439	245609774	246088235
美国	147134193	152676462	157464257	157635584	158786582	159144632
印度尼西亚	97648031	106377062	114503985	116379606	118378606	120289413
巴西	83788912	94648118	101813317	103193816	104745358	106169639
世界	2766393750	3011559024	3184092798	3226462921	3267764205	3314852272
中国占比	26.18%	25.19%	24.31%	24.25%	24.10%	23.93%

资料来源：世界银行，World Development Indicators.

未来在劳动力总量上可能超越中国的只有印度，根据联合国人口司的预测，未来 15 年内印度在劳动力总量上还无法超越中国。15～64 岁人口是劳动力的主要来源，联合国按照几种可能的情景对未来 15～64 岁总人口进行了测算，我们在表中给出了测算的最低值和最高值。从中可以看出，2025 年前中国相比于印度仍然能在总量上保持微弱优势，到 2030 年两国基本相当，2035 年印度将以微弱优势超过中国。但在 20 年后相信中国经济已经不用依赖劳动力总量来建立竞争优势了（如表 6 所示）。

表 6 中国和印度 15～64 岁人口预测 （单位：千人）

		2020	2025	2030	2035
中国	上位数	1006573	1006097	1017738	1006826
	下位数	999625	994616	976121	936281
印度	上位数	911377	963414	1012429	1073928
	下位数	903734	950227	989621	1009937

资料来源：United Nations Population Division，“World Population Prospects：The 2012 Revision”.

二是我国劳动力总量的结构分布仍然有较大的调整空间。改革开放初期，我国绝大多数劳动力在从事第一产业，劳动效率较低。随着改革开放推进，劳动力逐渐从第一产业转移到劳动效率相对较高的第二、第三产业，第二、第三产业就业比重上升。劳动力产业分布结构的调整提升了总体的劳动生产率，推动劳动生产率保持较高增长，进而贡献了经济增长。1978 年，第一产业就业人员为 28318 万人，占总就业人员比例高达 70.53%，此后由于人口增加，第一产业就业人员总量也有所增加，到 1991 年最高增加到 39098.1 万人。1992 年开始，第一产业就业人员总量持续下降，2014 年，我国第一产业就业人员 22790 万人，占比下降到 29.5%（如图 14 所示）。近些年我国出现了结构性劳动力供不应求的现象，我们认为“刘易斯拐点”已经出现，但是劳动力的转移并没有到达极限，劳动力产业分布结构仍然有调整空间。从国际比较看，我国农业就业人员比重虽然持续下降，但仍远高于发达国家，也高于其他“金砖国家”。2011 年，我国农业就业人员比重为 34.8%，比巴西高 19.5 个百分点，比日本和美国高 31.1 和 33.2 个百分点（如图 15 所示）。第一产业劳动力仍然有向第二、第三产业转移的空间。当然，这种转移可能会让人担心粮食安全，但是如果我们能够把中国的农业生产率提升到发达国家水平的话，劳动力减少并不意味着农业产出会减少。根据世界银行的数据，2010 年日本、韩国、美国农业劳动生产率分别是中国的 7.1 倍、8.1 倍和 20.9 倍，这意味着如果我们的农业劳动生产率能够提高到日本的水平，我国农业劳动力可以减少 6/7，可以继续对外转移 19354 万人。即使考虑到我国的特殊情况，如果把农业劳动生产率在目前基础上提高 2 倍，也可以减少 11000 万劳动力。农业劳动力对外转移空间仍然很大。如果这部分劳动力能够转移进入第二、第三产业，这对我国继续维持制造业的国际竞争力将大有裨益，同时劳动力从低生产率部门向高生产率部门转移也将进一步促进经济增长。

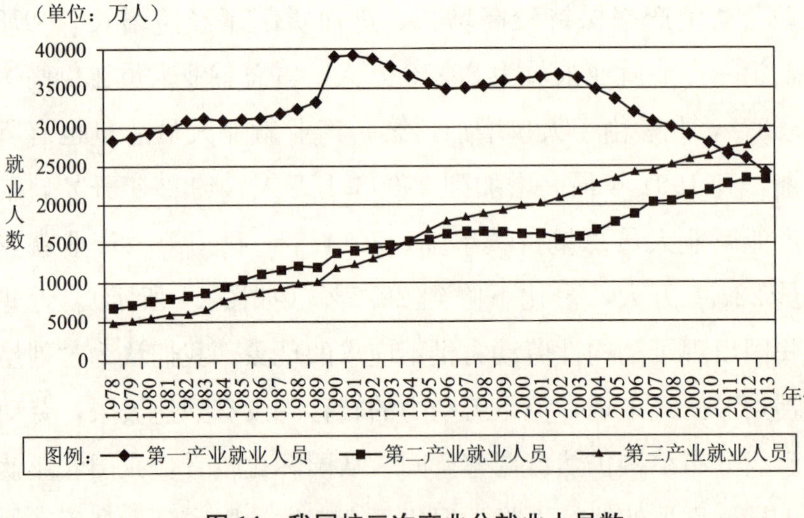

图 14　我国按三次产业分就业人员数

资料来源：国家统计局。

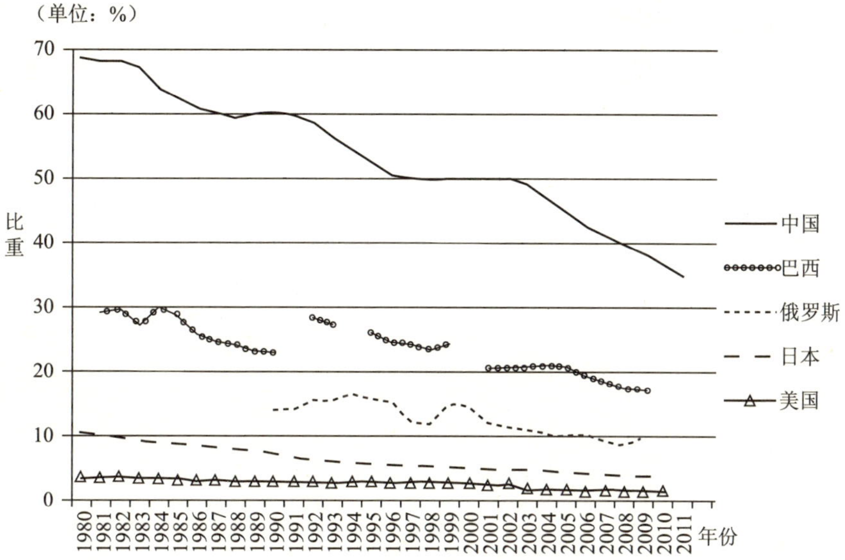

图 15　农业就业人员比重

资料来源：世界银行，World Development Indicators.

2. 人口质量红利有较大空间。所谓人口质量红利是随着人口质量提升，高素质的人口将因其知识、技术、经验等积累推动全要素生产率提升，从而推动经济增长。如果说人口数量红利给经济带来的是外延式扩张，那么人口质量红利给经济带来的将是内涵式增长；人口数量红利推动了中国经济规模速度型粗放增长，而人口质量红利将推动中国经济质量效率型集约增长。人口数量红利因其巨大人口规模和年轻的人口结构贡献了低成本、高储蓄、高投资，实现了经济要素驱动和投资驱动型高增长，人口质量红利则可能因人口的知识、技术、经验而实现创新驱动型增长。正是从这一角度看，我们可以认为中国正在进入人口质量红利周期。

第一，研发人员总量迅速增加，跃居世界第一。根据科技部的统计，2007 年我国研发人员为 173.6 万人年[①]，2014 年增加到 371.1 万人年，年均增长 11.53%，远高于 GDP 增速。不仅如此，每万就业人员中研发人员也从 2007 年的 23.1 人年增加到 45.9 人年，接近翻番（如表 7 所示）。

表 7　全国研发人员总量（2007—2014 年）

	2007	2008	2009	2010	2011	2012	2013	2014
研发人员（万人年）	173.6	196.5	229.1	255.4	288.3	324.7	353.3	371.1
每万就业人员中研发人员（人年）	23.1	26.0	30.2	33.6	37.7	42.3	45.9	48.0

资料来源：科技部，科技统计数据（2014）。

从国际比较来看，我们已经拥有全球最多的研发人员。2012 年，中国研发人员总量为 3246840 人年，已经超过除美国之外的 G7 国家的总和（如表 8 所示）。联合国的统计中没有提供美国的数据，但根据国内相关研究机构的统计，2011 年中国的研发人员数量就已经超过美国跃居世界第一，我国研发人员总量占到世界总量的 25.3%，超过美国研发人员总量占世界总量 17%的比例，居世界第一。[②]

联合国教科文组织提供了美国研究人员的数量，20 世纪 90 年代以来，中国研究人员数量快速增长，并在 2006 年超过美国保持总量第一。金融危机后虽然总量有所减少，比美国略少，但在 2011 年再次超过美国成为世界第一。研发人员总量

① 人年是国际科技统计中专门用于国际比较统计的一个数量，1 人年相当于 1 个研发人员全职工作 1 年。

② 陈劲主编：《国家创新蓝皮书：中国创新发展报告（2014）》，中国社会科学文献出版社 2014 年版。

对一国经济发展具有重要意义，它是一国最核心的生产要素和竞争力（如图 16 所示）。

表 8 世界各国研发人员总量 （单位：人年）

年份 国别	1996	2000	2005	2010	2011	2012
中国	804000	922131	1364799	2553829	2882903	3246840
德国	453679	484734	475278	548526	574701	579200
法国	320805	327466	349681	397756	402318	—
日本	891783	896847	896855	877928	869825	—
俄罗斯	1113244	1007257	919716	839992	839183	828401
英国	271580	288599	324917	350766	356258	358045
印度	357172	318443	391149	441126	—	—

资料来源：United Nations Educational，Scientific and Cultural Organization.

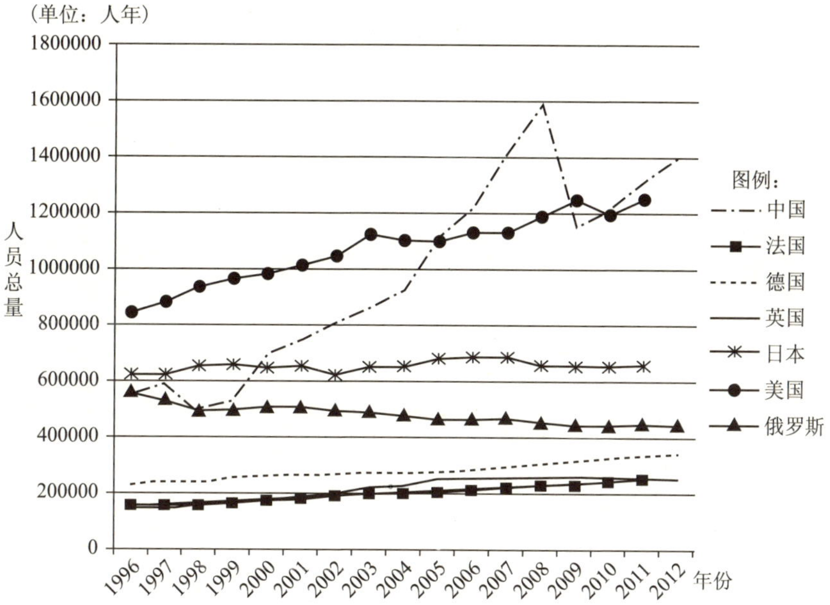

图 16 各国研究人员总量变动情况

资料来源：United Nations Educational，Scientific and Cultural Organization.

第二，中国教育体系供给着全球规模最大的高质量人才。我国当前不仅拥有全球规模最大的研发人员队伍，而且还有全世界培养规模最大的高等教育体系，这一体系可以为经济发展供给源源不断的高质量人才。2014 年我国高校毕业生总人数达到 727 万人，再创历史新高。而在 20 年前，1994 年当年普通高等学校毕（结）业生仅为 80.5 万人，仅 20 年时间，中国教育体系就为社会供给了 7183 万受高等教育人口。而按照 2010 年人口普查数据，我国每 10 万人中受大专及以上教育人口数为 8930 人，由此大致可匡算我国当年受大专及以上教育人口总量高达 1.1963 亿人。如果再加上 2010 年以来的高等学校毕业人数，2014 年受高等教育人口总量高达 1.4 亿人（估计数），这样一个数量庞大的高素质人口全球绝无仅有，这将成为经济社会发展的强大支撑（如图 17 所示）。

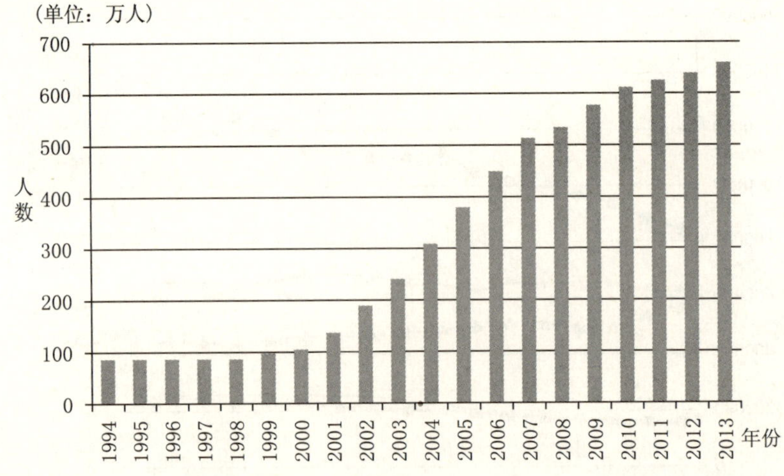

图 17　普通高等学校毕（结）业生人数

资料来源：国家统计局。

在我国受高等教育的人口中，理工科毕业生比例很高，可以为技术创新提供源源不断的研发人员。2013 年，本科毕业生中理工科毕业生总量为 130.76 万人，占比 40.87%；研究生中理工科毕业生 22.64 万人，占比 44.08%。从国际比较看，2010 年全球大学理工科毕业生总量为 550 万人，其中中国达到 129 万人，美国为 52.5 万人，印度 46 万人，日本 32 万人，德国 13 万人，韩国 12.4 万人，英国 11.8 万人，中国优势非常明显。①

第三，每年大量海外人才回流也扩大了高素质人才队伍。改革开放以后，我国出现了一个出国留学潮，大量优秀人才出国留学，很多人学成后选择了继续留在国外。近些年来，这一局面正在改变。如果我们用当年学成归国人员和出国留学人员之比来衡量留学归国比例的话，这一比例已经从 2007 年的 30.56%上升到 2013 年的 85.51%。2007 年，4.4 万名留学生回到国内，而 2013 年当年有 35.4 万名留学生回到国内（如表 9 所示）。这些人员基本都在国外接受了高等教育，他们回国充实了我国人才队伍，提升了人口质量红利。

表 9　出国留学人员和学成归国人员

	2007 年	2008 年	2009 年	2010 年	2011 年	2012 年	2013 年
出国留学人员(1)	14.4 万人	18.0 万人	22.9 万人	28.5 万人	34.0 万人	40.0 万人	41.4 万人
学成归国人员(2)	4.4 万人	6.9 万人	10.8 万人	13.5 万人	18.6 万人	27.3 万人	35.4 万人
(2)/(1)	30.56%	38.33%	47.16%	47.37%	54.71%	68.25%	85.51%

资料来源：科技部，科技统计数据（2014）。

① 许元荣：《从人口数量红利到人口质量红利，中国开启新“人口红利”时期》，一财研究院报告。

第四，我国在人口质量上与先进国家还有差距。虽然我国已是全球教育大国，但是高等教育的入学率仍然比较低。2013 年我国高等教育入学率 26.7%，与巴西、印度大体相当，远低于俄罗斯和高收入国家的 76.14%和 75.1%（如图 18 所示）。如此差距说明我国仍然有大量人口可以就读大学。由于历史原因，我们的入学率很难达到发达国家水平，但即使我们能够达到发达国家的一半，未来我们的入学率仍然可以再提升 10～15 个百分点，那就是上亿人口的高素质劳动力供给。

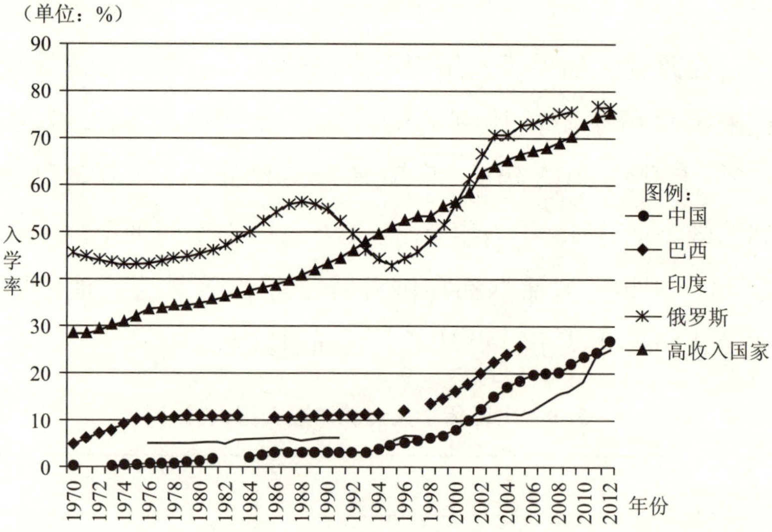

图 18　高等教育入学率

资料来源：世界银行，World Development Indicators。

另外，从研发人员的密度来看，我国的差距也是明显的。2012 年，我国每百万人中研究人员为 1020 人年，大体上是发达经济体的 1/4。但比印度大大领先。每千就业人员中拥有研究人员 1.83 人年，也远落后于发达国家（如表 10 所示）。

表 10　研究人员密度比较（2012 年）　（单位：人年）

项目 国别	每百万人中研究人员数	每千就业人员中研究人员数
中国	1020	1.83
德国	3918	8.44
法国	4139（2011）	9.44（2011）
日本	5158（2011）	10.54（2011）
俄罗斯	3096	6.1
英国	4024	8.56
印度	160（2010）	0.43（2010）
美国	3979（2011）	8.65（2011）

资料来源： United Nations Educational，Scientific and Cultural Organization.

上述数据一方面表明我国人口质量与发达国家还有很大差距，但另一方面也恰恰说明我国人口质量还有巨大提升空间，而人口质量的提升则可以为经济增长释放更多的人口质量红利。

（二）关于资本

资本的增长是改革开放以来推动中国经济增长的重要动力，它的空间和增长潜力也影响着经济增长潜力。需要说明的是，这里所谓的资本与前面讨论的投资有联系，但也有差异。柯布—道格拉斯模型中的资本是指资本存量，而投资则是流量，但每年投资所形成的固定资本形成会贡献资本存量。投资是从结构来衡量经济增长，资本则是从过程来推动经济增长。

目前我国官方并没有披露资本存量数据，佩恩表则统计了各国按购买力平价计量的资本存量数据。基于国际比较的需要，我们选择以佩恩表的数据来展开分析。

佩恩表以 2005 年美元价格提供了各国按购买力平价计算的资本存量用于国际比较。从中可以看到，1978 年以来，我国资本存量快速上升，到 2011 年达到 45.26 万亿美元，而同期美国资本存量为 41.49 万亿美元，我国已显著超过美国（如图 19 所示）。

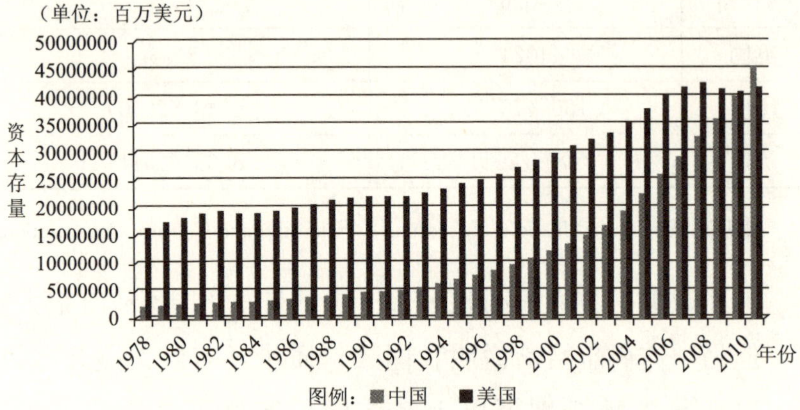

图 19　中美资本存量比较

资料来源：佩恩表。

资本存量的快速增长成为中国经济 30 多年来高速增长的主要原因。如图 20 所示，出于数据验证的需要，我们在图中除了列出按佩恩表数据计算的中美两国资本存量增速外，还提供了按国内学者陈昌兵估算的资本存量计算出来的增长速度。从图 20 中可以看出，虽然陈昌兵估算的资本存量和佩恩表计算的资本存量有很大差别，但两者增速基本保持同样的走势。我国资本存量增速远高于美国，这也部分解释了我国经济增速远高于美国的原因。

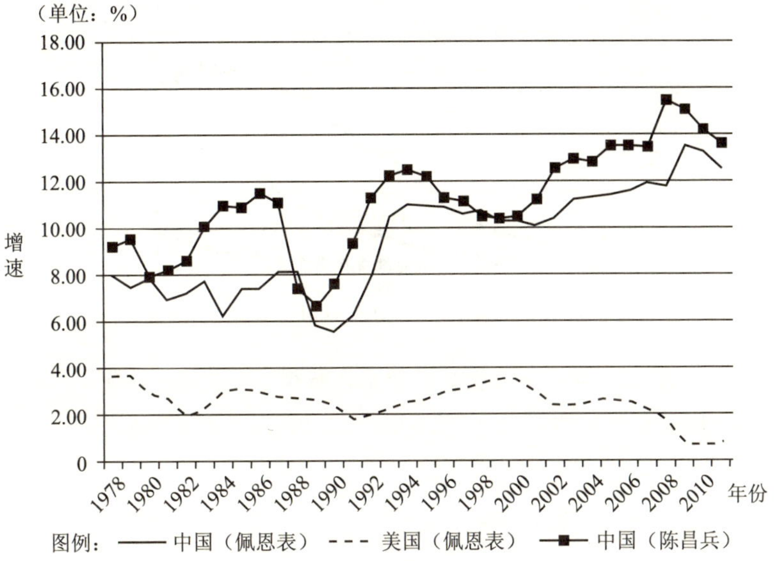

图 20　中美资本存量增速比较

资料来源：佩恩表。陈昌兵：《可变折旧率估算及资本存量测算》，《经济研究》2014 年第 12 期。

改革开放以来，我国资本存量增速保持了震荡上行的基本态势，21 世纪以后更是一路走高，无论是佩恩表还是陈昌兵的估算，资本存量增速高点都出现在 2009 年，之后，这一增速有所下降。从未来看，随着规模不断增大，资本存量要继续保持高速增长面临困难，但资本存量增长空间仍然存在，中高速增长仍有可能。如图 21 所示，我国虽然资本存量总量规模大，但平均规模仍然很小，2011 年我国每个劳动力拥有的资本存量仅大体相当于美国的 20%，相当于 1960 年代的日本，1980 年代的韩国和中国台湾的水平，而那个时期，日本、韩国、中国台湾均还处在高速增长期。

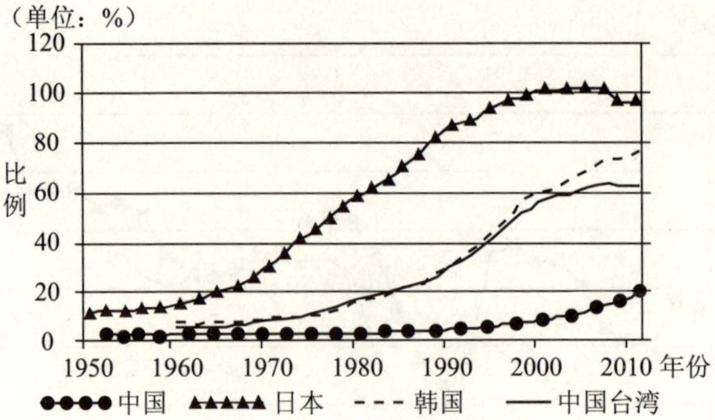

图 21　劳（劳动力）均资本存量相当于美国的比例

资料来源：屈宏斌：《中国“追赶型增长”仍俱潜力系列报告之一》。

（三）关于生产率

生产率的提高也是经济增长的一个重要来源。经济学一般通过全要素生产率来衡量非物质投入带来的经济增长。全要素生产率作为产出增长率扣除各要素投入增长率的产出效益后的余值，实质上是要素投入所不能解释的部分，经常被用来衡量技术进步、能力改善等对经济增长的贡献。国内有很多学者对全要素生产率进行了估算，20 世纪 90 年代中期以来中国全要素生产率的增长率出现大幅下滑，科技进步、资源配置优化等因素对经济增长的贡献率不仅没有增加，反而有所下降（如图 22 所示）。

蔡昉等（2013）通过估计生产函数，把改革开放时期中国经济增长分解为资本、劳动、人力资本、抚养比（“人口红利”）和全要素生产率 5 种贡献率（如图 23 所示），结果发现，全要素生产率的贡献率有降低的趋势。董敏杰和梁泳梅（2013）测算了中国经济增长来源。结果发现，1978—2010 年，TFP、劳动与资本对中国经济增长的贡献份额分别约为

10.9%、3.7%与85.4%；如果不考虑国际金融危机的影响，则分别约为20.7%、3.3%与76.0%。从时间序列数据来看，TFP贡献份额在20世纪90年代前大体处于上升趋势，但波动较大，1992年一度超过50%，从90年代后期开始基本呈下降趋势，直至2005年后低于10%。①

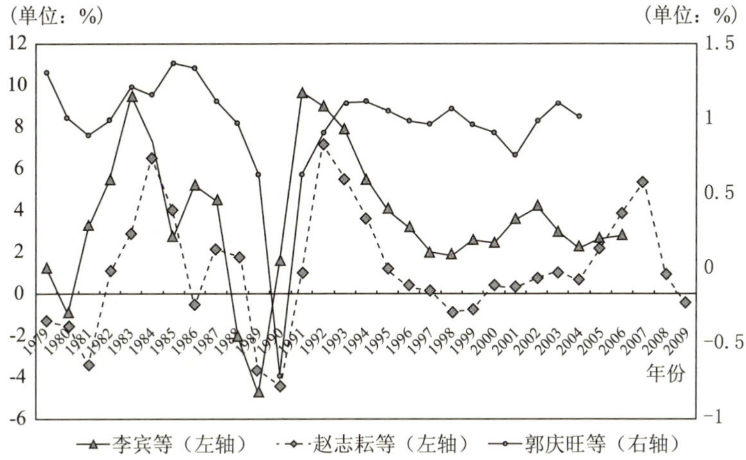

图22　中国全要素生产率增长率测算（1979—2009年）

资料来源：李宾、曾志雄：《中国全要素生产率变动的再测算：1979—2007年》，《数量经济技术经济研究》2009年第3期；赵志耘、杨朝峰：《中国全要素生产率的测算与解释：1979—2009年》，《财经问题研究》2011年第9期；郭庆旺、贾俊雪：《中国全要素增长率的估算：1979—2004年》，《经济研究》2005年第6期。

上述国内学者的研究表明，我国全要素生产率对经济增长的贡献还远远没有被发挥出来，未来通过全要素生产率提升来促进经济增长潜力巨大。国际比较数据也证明了这一点。

佩恩表计算了全球各国1950年以来的全要素生产率相当于美国的水平。我们选择了德国、日本、韩国、新加坡和中国

① 董敏杰、梁泳梅：《1978—2010年的中国经济增长来源：一个非参数分解框架》，《经济研究》2013年第5期。

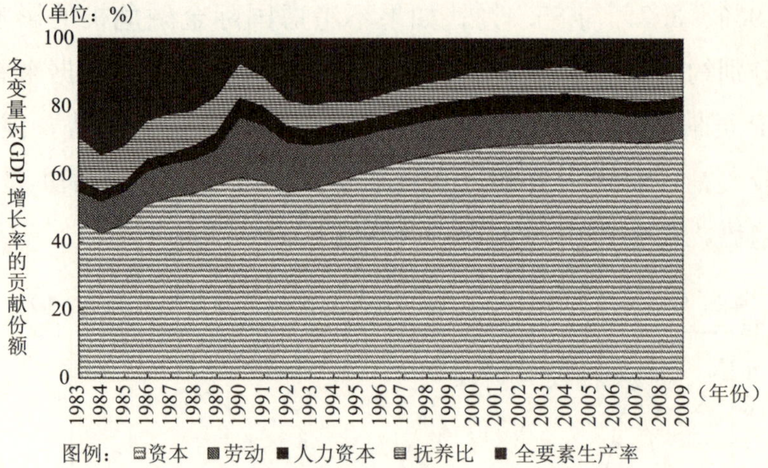

图 23　中国经济增长各种来源的贡献率

资料来源： Fang Cai and Wen Zhao, "When Demographic Dividend Disappears: Growth Sustainability of China", in Masahiko Aoki and Jinglian Wu, eds., The Chinese Economy: A new Transition, Basingstoke: Palgrave Macmillan, Forthcoming.

来做一国际比较。五个国家分别以其第二次世界大战以后出现的高增长周期的起点作为起始年份，即德国 1950 年、日本 1956 年、韩国 1966 年、新加坡 1966 年和中国 1978 年，其结果如图 24 所示。从图 24 中可以看到，无论是德国、日本等大国经济体，还是韩国、新加坡等亚洲新兴工业化国家，在追赶增长的过程中均出现了全要素生产率向美国的靠拢，四个国家全要素生产率相当于美国的比例均明显上升，持续了大致 30 年左右的时间。新加坡上升的时间较短，大体 15 年左右，但是其在下降一段时间后又转而上升，甚至在一段时间内超过美国。1978 年，我国全要素生产率相当于美国的 31.6%，随后上升到 1985 年的 40.71%，此后保持下降态势，直到 20 世纪 90 年代才出现新一轮上升周期，到 2011 年，我国全要素生产率相当于美国的 40.66%。由以上可知，全要素生产率追赶先进国家基本是这些国家的共同特征，但中国在过去 30 多年的高增长周期中这一追赶趋势并不明显，这一方面说明中国过去的高增长在很大程度上是由于要素投入，另一方面也说明中国未来全要素生产率的追赶空间巨大。我国现在全要素生产率与美国的比例落后于德国、日本、新加坡高增长周期启动时的数据，相当于韩国高增长周期启动后 6 年左右的数据。

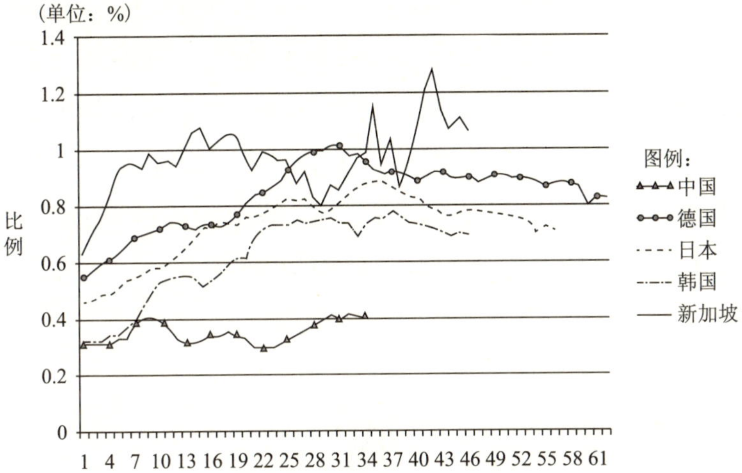

图 24　全要素生产率与美国之比

注：数据中的 1 分别代表德国 1950 年、日本 1956 年、韩国 1966 年、新加坡 1966 年和中国 1978 年，终年数据为 2011 年的数据。

资料来源：佩恩表。

目前所有全要素生产率的测算都是学者们的计算结果，而学者们的计算由于方法和采用的数据差异，结果也有差异。虽然上述研究得出的趋势基本一致，但无法准确描述未来的增长空间。在此我们用劳动生产率这一指标作替代，以管窥生产率改进拓展的经济增长空间。①

① 全要素生产率指的是全部产出与全部要素的综合之比，而劳动生产率只是产出与劳动的比，前者的含义和内涵要比后者大得多，严格意义上后者无法替代前者。

劳动生产率反映了一定时期内劳动者创造使用价值的能力，劳动生产率越高，意味着劳动者一定时间内创造的价值越大，某种程度上也意味着劳动者的质量越高。改革开放以来，我国劳动生产率得到了极大改善，但与发达国家相比，差距仍然很大。根据世界大型企业联合会（The Conference Board）提供的数据，2013 年，中国劳动生产率为 19666 美元，仅相当于韩国的 29.6%，日本的 26.14%，德国的 24.61%和美国的 17.11%。如果我们通过劳动者素质提升、技术装备引进等手段提升劳动生产率，即使仅仅把劳动生产率提高到韩国的水平，在其他条件不变的情况下，我国 GDP 规模在现有基础上也能扩张 3 倍多。如果能够追赶到跟美国同样的劳动生产率，那么 GDP 可以扩大 6 倍左右（如图 25 所示）。

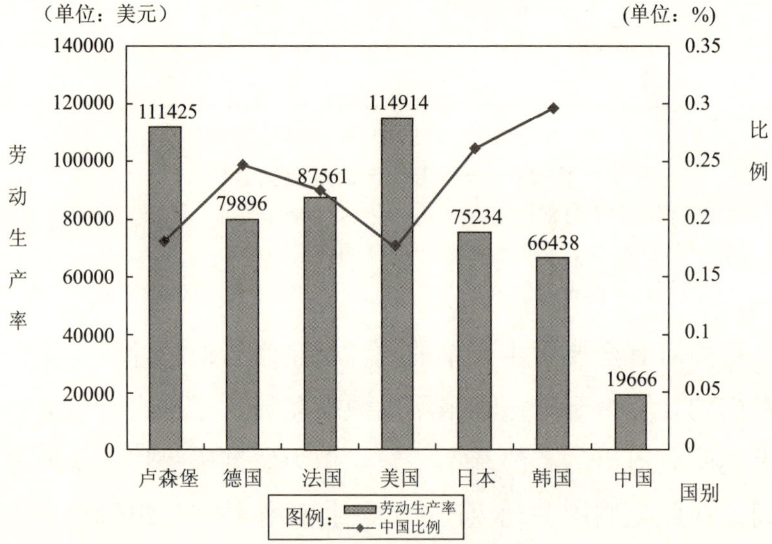

图 25　各国劳动生产率比较

资料来源： The Conference Board Total Economy Database™，January 2014，http：//www.conference-board.org/data/economydatabase/.

第三章　实现中高速增长的总体思路

“中高速”是一个相对概念，今天欧美国家 GDP 增长 3%就是高速度，而在中国却是低速度。中央目前所讲的“中高速”，是指 GDP 年均增长 7%左右。之所以确定为 7%，基本考虑是，在以往 10%高速度的基础上，减去现有的过剩产能、淘汰部分高能耗与高污染产能后，适宜的速度大概就是 7%。可问题在于，未来 10 年我们怎样保持 7%左右的增长速度？从前述分析来看，有两个基本思路：一是充分挖掘需求潜力，稳步扩大消费、投资和净出口，以总需求扩张带动经济增长；二是提升全要素生产率，增加总产出以带动经济增长。

一、正确处理好三种关系

前已述及，从支出法角度看，一国国内生产总值由消费、投资和净出口构成，消费、投资、净出口增长了，经济增长自然就实现了。可作一简单测算，按 2014 年可比价格，若今后 10 年经济年均增长 7%，2025 年我国 GDP 将在现有基础上再翻一番，达到 140 万亿元。如果我们将投资、消费、净出口对经济拉动的权重确定为43%、55%和2%左右，那么未来10年我国的投资、消费、净出口则每年需分别增长9%、11%、6%左右。为了实现这些增长目标，不仅要挖掘投资、消费、净出口潜力，积极促进三者各自增长，而且首先要处理好三者之间的关系。

（一）处理好内需与外需的关系

前面说过，我国前30年出口对经济增长的贡献达到40%，但今天国际环境变了，我们的发展战略也得变。回顾第二次世界大战后的经济史，有个不争的事实就是，几乎所有在战后迅速致富的国家都是世界市场的受益者。1945年后的欧洲重建，马歇尔计划只是个开端，大量后续资金靠的是欧洲对美国的贸易顺差。而日本的崛起，成功之处也是把握住了世界市场每一个机会，从中东进口石油，向世界倾销产品。其他像“亚洲四小龙”以及后来的“亚洲四小虎”，都是靠出口导向战略起家的。

可自“9·11”事件特别是2008年国际金融危机以后，美国经济一蹶不振，欧洲也出现了主权债务危机，我们想继续依靠出口支撑经济快速增长显然不现实了。我国已成为全球第二大经济体，不要说欧美不给我们这样的机会，就是想给也未必有这个能力。当年日本经济总量不大的时候，美国曾轻而易举地把它从战败的泥潭中扶起来，推上经济发展的快车道。然而现在全世界都进口日本的产品，却还是不能把它从经济衰退中解脱出来。究其原因，经济总量太大了，没有人能拉得动它。

日本是前车之鉴。我们在处理内需与外需关系上要有清醒的认识，坚决贯彻落实中央部署，在积极利用外需扩大出口的同时立足扩大内需，把扩大内需作为拉动经济增长的国家战略和长期方针。

（二）处理好投资与消费的关系

内需包括投资需求和消费需求。投资和消费都能拉动经济，但作用是不同的。据测算，中国前30年投资对经济增长的贡献率达50%，而消费的贡献率仅为10%。今天我们出现严重的产能过剩，与以往过于强调投资对经济的拉动不无关系。有鉴于此，今后我们扩大内需的重点应转向扩大消费。

消费与投资不同，投资只能拉动中间需求，消费拉动的是最终需求。十七大前中央讲扩大内需时提“投资、消费、出口”，而十七大之后则提“消费、投资、出口”。消费与投资的排序之所以要变，是因为生产的目的是为了满足消费。为生产而生产，而不是为了满足消费而生产，这样的生产除了增加GDP与产能过剩外毫无实际意义。正因为如此，我们认为投资要以消费为牵引，比如投资与民生有关的交通运输、城镇化、环境治理、医疗卫生等，就不仅能带动消费，而且能带动增长。

（三）处理好政府投资与企业投资的关系

扩大内需虽然要以扩大消费为重点，但同时也要扩大投资。问题是扩大投资钱从何来？有三个选择：一是加税；二是发债；三是减税。加税与发债可扩大政府投资，减税可扩大企业投资。显然，讨论政府投资与企业投资的关系，实质就是要在加税、发债与减税之间作出合理选择。

就扩大政府投资而言，是加税还是发债各国的做法不尽相同。美国次贷危机后奥巴马提出 1.5 万亿美元的加税计划，而中国则主要是发债。实践证明，加税效果明显不如发债。对此美国众议院预算委主席保罗·莱恩说得明白：“政府收税越多，最终获取的就越少。对创造就业者收税越多，你获得的就业机会就越少；对投资征税更多，你获得的投资就越少。”不错，经济下行时加税确实是杀鸡取卵，不仅会抑制企业投资，还会打击公众消费。发债吸纳的是闲置资金，短期看对民间投资与消费无碍，而对政府投资却有助。

但从长远看，发债过多日后会挤出企业投资。著名的“李嘉图—巴罗等价定理”说明，政府今天的债等于明天企业的税。因为政府发债自己还不了，最终得靠企业缴税来还。这样政府发债越多企业税负就越重，而企业缴税多了，利润减少投资也会减少。这就是财政的“挤出效应”，即政府今天的投资可能挤出企业明天的投资。

事实上，除了发债扩大投资还有一种选择，那就是减税。积极的财政政策本来就包括发债与减税两方面：发债支持的是政府投资；减税支持的是企业投资。这也是近年来政府为何在发债的同时实行结构性减税的原因。我们的观点是，政府投资仍可扩大，但重点是扩大企业投资。落实到政策层面，今后国债规模应逐步缩小，减税力度应不断加大。2015 年安排国债 1.62 万亿元，结构性减税 4000 亿元。到 2020 年，可考虑将国债压缩到 1 万亿元；减税扩大到 1 万亿元。不必担心这样会影响就业，减税后企业投资增加一样可创造就业，而且会创造更多的就业。

二、协调推进消费、投资与出口增长

（一）发挥消费对增长的基础作用

消费是 GDP 的重要组成部分，对经济增长起着基础性作用。但改革开放以来，消费不足一直是我国经济发展面临的一个重大问题。消费不足突出表现为消费在国民经济中占比过低，即消费率过低。1978 年以来，我国最终消费率呈下降态势，而导致消费率下降的主要原因是居民消费率下滑（如图 26 所示）。扩大消费关键是扩大居民消费。

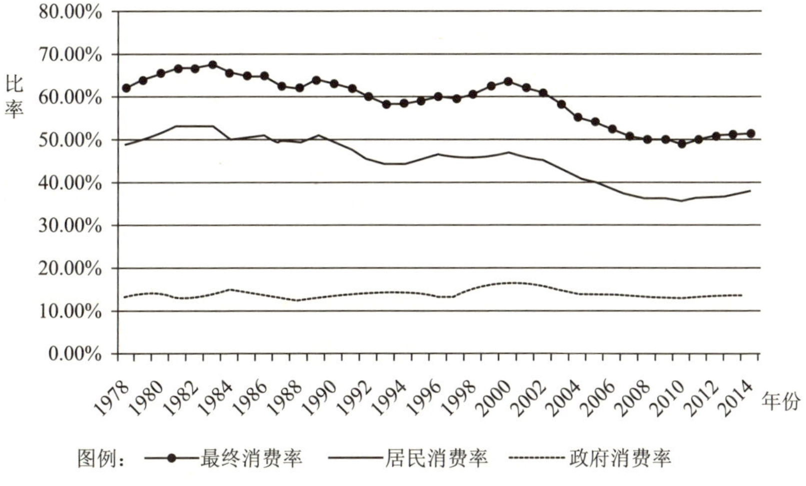

图 26　中国消费率

资料来源：国家统计局。

扩大居民消费的办法有很多。培育消费热点、创新消费业态、维护消费安全，等等，都能拉动消费。不过，归根到底是收入决定消费。不同的经济学家对决定消费的收入有不同的认识。凯恩斯认为消费取决于居民现期的、绝对的收入；杜森贝利认为相对于收入决定消费，即消费取决于相对于他人的收入水平和相对于本人历史上最高的收入水平；弗里德曼则认为消费者的消费支出主要不是由现期收入决定的，而是由持久性收入决定的；莫迪利安尼的生命周期假说则认为消费者根据一生的全部预期收入来安排自己的消费支出，这些收入既包括劳动收入，也包括财产收入。因此当前扩大消费最要紧的有四点：

第一，提高居民收入，让居民“能消费”。一是不仅要提高居民当期收入，而且要稳定收入预期，提高居民持久性收入。最近十年，我国居民收入增长较快，推动了消费增长，居民消费率也在2010年创下35.92%的历史低点后开始回升。党的十八大提出2020年城乡居民人均收入要比2010年实现翻番，党的十八届五中全会继续强调了这一目标，这对于稳定收入预期、拉动消费起到了很好的作用，下一步要通过深化收入分配体制改革进一步抓好落实、抓出成效。二是增加农村居民，尤其是贫困居民收入。一般而言，低收入群体消费倾向相对较高，增加低收入群体的收入可以带来更多消费。2014年我国城镇居民平均消费倾向为0.69，农村居民平均消费倾向为0.80。我国城乡收入差距较大，农村居民收入显著低于城镇居民，2014年农村居民收入仅相当于城镇居民收入的36.36%。收入低导致农村居民消费低迷，改革开放以来，农村居民消费占比连续下降，从1978年62.1%下降到2014年22.47%。为此要千方百计增加农民收入，通过增加农业经营收入、转移就业收入等实现农民致富。三是创造条件增加财产性收入。2007年党的十七大第一次提出“创造条件让更多群众拥有财产性收入”，近年来，由于房地产市场繁荣等因素，我国居民财产性收入增长较快，从2007年的317元增加到

2014 年的 1588 元，但规模仍然不大，占总收入的比重也只有 7.87%，远低于发达国家的水平。增加财产性收入首先要创造条件让居民拥有更多的财产，城镇居民的财产属性比较明确，当前可突出解决农村居民的财产拥有问题。要贯彻落实党的十八届三中全会提出的“赋予农民更多财产权利”，赋予农民对承包土地占有、使用、收益、流转及承包经营权抵押、担保权能，改革完善农村宅基地制度，对农民住房财产权作出明确界定，探索农民住房财产权抵押、担保、转让的有效途径。积极推进党的十八届三中全会提出的“在符合规划和用途管制前提下，允许农村集体经营性建设用地出让、租赁、入股，实行与国有土地同等入市、同权同价”，提升农村居民集体财产价值。积极发展农村专业合作社，推进合作社股份合作制改革，实现社员对集体资产产权长久化、定量化享有，增加农民股权资产和股权收入。四是缩小收入差距。相对收入会影响消费，收入差距过大也不利于消费。在初次分配中要增加劳动报酬比重，完善企业工资集体协商制度，限制不合理的高收入，努力实现劳动报酬增长和劳动生产率提高同步。加快建立综合与分类相结合的个人所得税制度，逐步提高基本社会保障水平，完善以税收、社会保障为主要手段的再分配机制。需要注意的是，收入差距不仅来自劳动性收入，更多的差距来自财产性收入，而且财产的差距会因不同规模财产收益机会和收益率的不同而自我扩大。因此，不仅要调劳动收入差距，还要调整财产差距，其手段主要是税收。

第二，完善社会保障，让居民“敢消费”。收入可以分解为消费和储蓄，储蓄是消费后的剩余，消费多了储蓄就少了。看似储蓄是一个被动行为，但实则储蓄也可以是主动的，那就是预防性储蓄。在缺乏足够的养老、医疗保障的情况下，消费者就会加大预防性储蓄，减少现有的消费支出。为此，一个完善的社会保障体系对现期消费意义重大。2014年我国启动城乡养老保险并轨改革，目前也正在持续推进医疗保险制度改革，如果我们能够建立起一个全覆盖、保基本、多层次、更加公平的社会保障体系，居民就可以从防范未来风险中腾出部分储蓄用于消费，我国未来消费保持11%的增长速度就不足为虑了。

第三，引导消费升级，让居民“愿消费”。改革开放以来我国经历了几次消费升级，每一次消费升级都以新的消费热点推动消费增长。随着近年来我国发展进入中等收入阶段，消费结构正呈现出一些新的特征：一是生存型消费增长趋缓，发展型、享受型消费迅速崛起。恩格尔系数是衡量消费结构的重要指标，近年来我国城乡恩格尔系数保持持续下降态势，2013年，城镇居民恩格尔系数为35%，农村居民恩格尔系数也已经突破40%，为37.5%，和城镇居民差异不大。这说明为满足基本生存需要的生存型消费未来将保持稳定，要把刺激消费的重点放在发展型、享受型消费上。二是服务型消费快速发展，物质型消费保持稳定。我国第三产业占比已经超过第二产业，而且第三产业增速也显著快于第二产业，服务化趋势明显。第三产业迅速发展的动力正是居民服务消费需求的快速增长。伴随着居民收入水平提升，休闲、娱乐、健康等服务型消费增长空间显现；随着人口老龄化和老龄人口绝对规模的迅速攀升，养老、医疗、保健等消费需求也在上升。三是新兴消费形态快速发展，互联网化、移动化、绿色化等消费趋势愈加明显。引导居民消费，就要抓住居民消费结构变化的新趋势，抓住居民消费的新热点，通过供给侧创新提供适当的消费产品和服务，通过消费基础设施完善和消费环境改善确保新型消费实现。

第四，保持适度通胀，让居民“要消费”。除以上之外，适度通胀对扩大消费也很关键。为何适度通胀可刺激消费呢？最根本的原因是大众消费心理买涨不买跌。商品涨价就抢购，商品降价就持币观望。当然，适度通胀的关键是“适度”，一旦超过适度范围，通胀对经济必然有害。那么何为适度通胀？世界银行的解释是指通胀率不高于 GDP（或财政收入）增速。但要注意其前提是居民收入得跟上 GDP 增长，否则即便通胀适度，居民实际收入也可能下降。鉴于此，与其将通胀率绑定 GDP，还不如直接绑定居民收入。只要通胀率不高于居民收入增长，则为“适度通胀”。前几年我国面临较大的通货膨胀压力，但是最近价格水平持续下行，存在从通货膨胀转向通货紧缩的风险。从 2012 年 3 月开始 PPI 连续负增长，CPI 也自 2014 年 9 月开始连续保持在 2%左右，持续低于政府制定的防通胀指标。虽然当前关于经济是否陷入通货紧缩判断不一，但是低通胀是事实，而且目前的物价已经到了政府必须加以干预的水平。[①] 要实施反通胀的货币政策和财政政策，同时加强预

---

① 欧洲中央银行把货币政策的目标明确为通货膨胀维持在 2%左右，日本在安倍经济学中也把通胀目标定为 2%，为了实现 2%的通胀目标实施了无节制的货币宽松。美联储在 2012 年明确公布了长期通货膨胀率目标，将基于个人消费开支物价指数年度变动幅度指标的通货膨胀率长期目标确定为 2%。也就是说，各国在宏观经济政策的实际操作中不是把物价水平的持续下降作为通缩乃至政府调控的标准，而是把物价总水平的增长低于某一特定水平作为调控的标准。国际货币基金组织曾经认为与充分就业和经济增长达到潜在增长能力相对应的通胀水平就是最优通胀目标，如果实际价格走势高于这个水平，经济就处于通货膨胀之中；如果实际价格走势低于这个水平，则经济就处于通货紧缩之中。中国作为一个发展中大国，作为一个转型经济体，我们正常的通胀目标应该设为多少？我们没有做过测算，但认为至少应该比 2%高。现在的价格水平已经低于通胀目标，政策应该对此作出积极反应。

期管理，增强居民对未来经济发展的信心，传递政府反通缩的坚强决心，避免社会形成通缩预期。

（二）发挥投资对增长的关键作用

投资在中国经济持续增长中发挥了关键性作用，从1995年到2014年20年间资本形成对经济增长的贡献率年均达到了45.45%。[①] 不仅如此，我国投资率也很高，1995年至今投资率保持稳定上升态势，2014年投资率高达45.85%，而2013年世界投资率平均水平为22.3%（如表11所示）。中国经济也因此被冠以“高投资、高消耗”的特征，投资虽然促进了经济高速增长，但也带来了经济结构异化、环境污染、产能过剩、分配不合理等一系列问题，众多学者对投资在未来经济发展中的作用产生了严重的质疑。尤其是几十年的投资积累导致投资基数越来越大，很多人认为中国的投资空间已近极限，投资驱动增长已到尽头，大家都在问，“投资还能搞多久?”

表11　我国投资对经济增长贡献率和投资率

年份	资本形成总额对GDP增长贡献率（%）	投资率（资本形成总额与GDP比率，%）
1995	46.70	39.30
1996	34.50	37.97
1997	14.60	35.91
1998	28.40	35.26

① 但也应注意到投资对经济增长的作用并不稳定。近20年来，投资对经济增长贡献率低则到14.6%，高则到86%，两者相差可达71.4个百分点。

续　表

年份	资本形成总额对 GDP 增长贡献率（%）	投资率（资本形成总额与 GDP 比率，%）
1999	20.40	34.53
2000	21.60	33.94
2001	64.30	35.89
2002	37.90	36.45
2003	69.60	39.90
2004	61.30	42.17
2005	32.30	40.45
2006	42.30	40.05
2007	43.40	40.68
2008	52.30	42.63
2009	86.00	45.69
2010	65.20	47.23
2011	45.40	47.33
2012	41.80	46.45
2013	54.20	46.49
2014	46.70	45.85

资料来源：国家统计局。

对投资我们的观点是：第一，从经济发展内在驱动力看，投资确实不宜作为首要驱动力来对待。在投资和消费的关系中，消费是基础性的，第一位的，投资的作用应当而且必将逐渐减弱。第二，但投资并非可有可无，也并非一无是处，中国作为发展中国家还需要投资。我们决不能因为高投资的负面效应就把投资扔了。投资不仅形成当期经济产出，而且还储备了未来经济增长的可能，对任何一个经济体都是必需的。希腊等国的危机已经表明，一个缺少投资、光靠消费驱动的经济体从长远来看也是不可持续的，这也让美国在金融危机后加大了基础设施、科技等领域的大规模投资。第三，我国的投资并非已经到了极限，投资空间仍然不小。[①] 我国投资率确实很高，投资增速也远快于大多数国家，但我国投资是短期内高速增长，发达国家的投资是长期稳定增长。从流量来看，我国投资规模惊人，但是从存量看，我国和发达国家在很多方面还有很大距离，毕竟他们的投资是几百年的积累。以钢铁产业为例，我国钢铁产量和消费量早已位居全球第一，而且近几年产能过剩，一派萧条，似乎钢铁投资已经不能持续。但从钢铁蓄积量来看，我国仍然有较大差距。工信部部长苗圩 2013 年曾指出，我国人均钢铁蓄积量大概在 4 吨左右，远低于工业化国家 8～10 吨的人均水平。这意味着要达到工业化国家的人均水平，我国仍需要投入大量钢铁。

因此，对投资在未来经济发展中的作用要有一个适当的预期。投资过度依赖、过快增长不可持续，投资再保持长期年均 20％以上的增长已不可能，但是投资仍将在经济发展中发挥关键作用，尤其在反周期应对中仍然可以发挥更关键的作用。我们需要一个和经济中高速增长相匹配的投资增速。可作一简单测算，1981—2014 年我国投资年均增速 20.28％，2003—2014 年年均增速 22.37％。未来投资增速下降是一个必然趋势。假设增速下降一半，到 10％～11％，这对完成我们前面测算过

① 在前面第二部分我们从人均资本形成、资本增量产出率等角度论证了我国的投资潜力。

的实现经济7%左右中高速增长的目标，是完全可以保障的。[①]而且10%左右的固定资产投资增速基本可以实现资本形成增速低于或等于GDP名义增速，我国投资率就有可能从目前的高位逐渐回落，长期回归到一个适当的水平。

当然，投资不仅是总量问题还是结构问题，而且在我国结构问题更加突出。只有通过投资结构的调整，我们才能实现总量的稳定增长。

第一，推动投资方向结构性调整。从投资构成看，我国投资分三大类：建筑安装工程、设备工具器具购置和其他费用。建筑安装工程主要包括基础设施投资和房地产投资。从2014年数据看，建筑安装工程占到了总投资的68.32%，设备工具器具投资占19.73%（如图27所示）。我们可以将其与美国的固定资产投资结构作一比较。从图28中可以看出，美国固定资产投资主要分为四类：住宅投资、设施投资、设备投资和知识产权产品投资。2014年，投资占比最大的是设备投资，占34.66%，其次为知识产权产品投资，占25.96%。这两类投资恰好支持了美国“再工业化”战略和国家创新战略，支持了美国仍然占据今天全球产业竞争和科技创新的制高点。实际上，设备投资比重高是发达工业化国家和新兴工业化国家的普遍特征，日本的设备投资占比一直保持在50%以上的水平，韩国的设备投资占比也保持在30%以上的水平（如图29、图30所示）。我国在投资结构上的突出问题是建筑安装工程类投资规模过大，占比过高，而真正能够支持经济可持续发展的设

① 2009年以来固定资产投资增速连年下滑，2015年1—11月已经下滑至10.2%。虽然不排除投资增速在某个时点或某个较短的时期内跌破10%，但我们判断10%的年均增速在未来5—10年还是可以实现的。

备投资则占比过小。

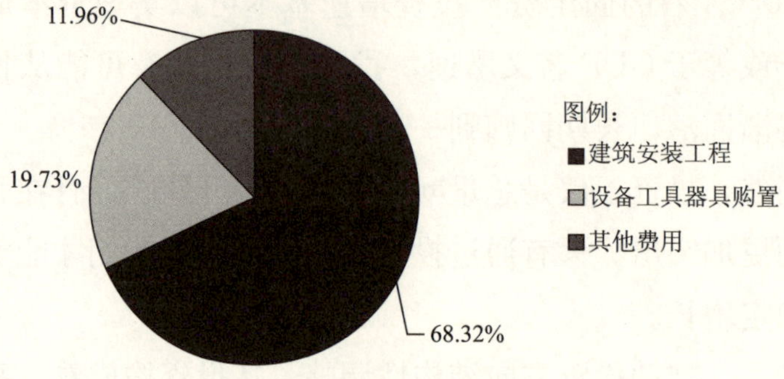

图 27　中国固定资产投资结构

注：建筑安装工程包括建筑工程和安装工程。建筑工程指各种房屋、建筑物的建造工程，又称建筑工作量。这部分投资额必须兴工动料，通过施工活动才能实现，是固定资产投资额的重要组成部分。安装工程指各种设备、装置的安装工程，又称安装工作量。在安装工程中，不包括被安装设备本身价值。

资料来源：国家统计局。

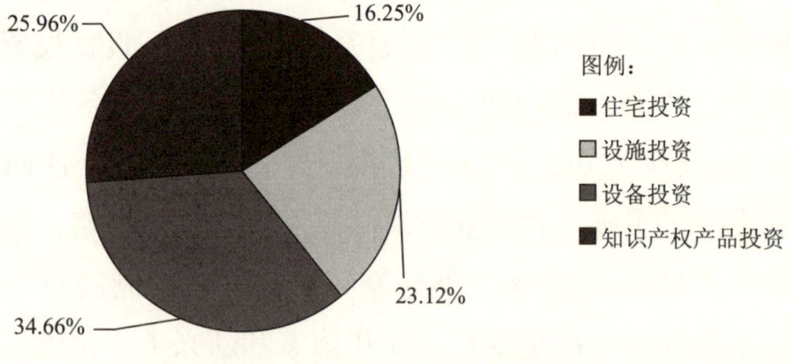

图 28　美国固定资产投资构成

注：设施（Structure）主要是指在某一特定地点建设并使用的物品，这些物品具有长期的经济价值和生命力。

资料来源：美国国家经济分析局（BEA）。

设备投资不仅占比偏低，而且近年来其增速还持续低于固定资产投资增速，这使得设备投资在固定资产投资中的比重不断下滑（如表 12 所示）。这一趋势必须扭转。我们建议以设备投资为主来规划未来的固定资产投资，这可以实现多重效果：

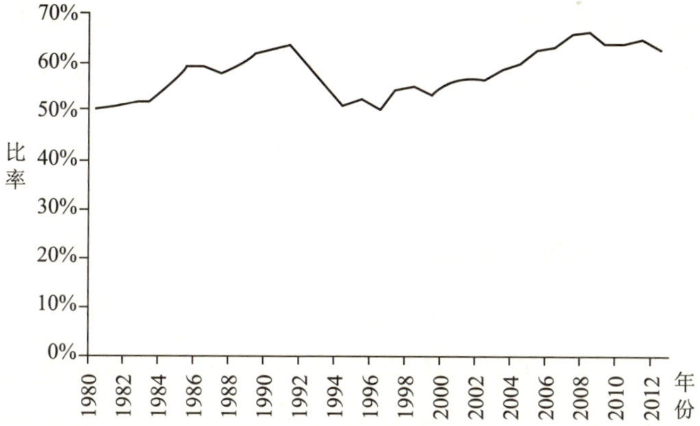

图 29 日本设备投资占比

资料来源：交银国际。

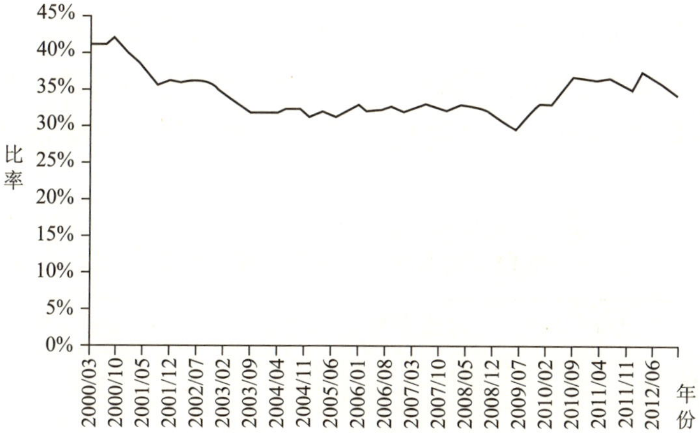

图 30 韩国设备投资占比

一是对冲房地产投资下滑导致的投资下滑，稳定投资增长进而稳定经济增长；二是通过设备投资和更新提升经济竞争力，推进产业结构调整和升级；三是设备投资的主体主要是企业，通过鼓励设备投资间接实现投资主体结构调整，政府可以更快地退出投资领域；四是设备投资也可以助力企业缓解劳动力短缺、劳工成本上升的压力。当然，设备投资的主体是企业，投与不投主要是企业的自主决策，但这并不表明在政策上无所作为。根据我们的调研，政府至少可以在几个方面着力：一是财税政策。财税政策既涉及企业老设备的淘汰，通过允许加速折旧鼓励企业更新设备；同时又涉及企业新设备投资，通过税收优惠和财政补贴鼓励企业采购设备，这在浙江等地已经有所实践，效果很好。二是行政审批。目前企业在购买某些大型设备、进行大额设备投资时还存在众多审批环节，企业进口先进设备涉及的手续更多。三是金融环境。很多企业在购买大型设备的时候都需要寻求外部融资，金融租赁是设备融资的普遍渠道，我国金融租赁业虽然发展迅速，但金融租赁行业对国民经济的渗透率和行业覆盖率仍然较低，对企业设备融资租赁的支持力度也有待加大。政府可以通过奖励、风险补偿等方式，积极引导金融租赁公司加大对科技型、制造型企业设备融资的支持力度。

表 12　我国各类固定资产投资增速　（单位:%）

年份	固定资产增速	建筑安装工程增速	设备工具器具购置增速
1999	5.1	5.15	8.03
2000	10.26	9.26	10.39
2001	13	11.78	13.46
2002	16.89	15.79	11.89
2003	27.74	25.84	28.3
2004	26.6	27.7	30.3
2005	25.96	24.72	29.62
2006	23.91	25.09	19.33
2007	24.84	25.07	23.51

续　表

年份	固定资产增速	建筑安装工程增速	设备工具器具购置增速
2008	25.85	25.67	28.56
2009	29.95	32.2	25.25
2010	23.83	23.49	21.31
2011	23.76	28.68	21
2012	20.29	21.69	19.3
2013	19.11	22.5	17.18
2014	15.16	17.67	11.47

资料来源：国家统计局。

除了设备投资外，研发投入也应该成为未来的一个重点。我国已经把创新驱动作为一项基本的国家战略，作为新常态下经济发展最重要的驱动力。创新驱动的实现必须要有投入，如何鼓励研发投入成为政策设计的一个重点①。为了更好地反映科研成果、计算机软件、数据库、文学艺术作品等无形财富在推动经济社会发展中的作用，新修订的《国民经济核算体系 2008》（SNA）中提出将研发投入从中间消耗改变为资本形成的一部分计入 GDP。美国已经据此对研发投入进行了调整，将研发投入资本化，在固定资产投资中明确列出“知识产权产品”投资。我国也可以适时将研发投入计入 GDP。在 GDP 仍然是各地经济考核重要组成部分的背景下，此举将极大地鼓励各地和国有企业提高对研发投入的重视，加大研发投入。

第二，推动资金来源的结构性调整。投资的实现必须配以

① 后面将有专门篇章论述创新驱动发展，在此不对创新投入作全面分析。

相应的资金。经过改革开放30多年的高速增长，我国固定资产投资已经积累成一个庞大的规模，投资增长需要消耗越来越多的资金。按照前面的测算，未来10年投资年均增长9%即可支持经济增长7%，一般而言这10年中前期的投资增速会高于后期。假设未来3年固定资产投资增长13%，那么2016—2018年的投资规模将高达205万亿元，资金压力巨大。如果继续按照现有的投融资方式来支持投资，必将导致两个结果：一是扩大货币发行进而导致通货膨胀或继续吹大资产泡沫；二是增加负债继续推高债务率。① 这两个结果都是中国经济难以承受的。为此，必须改革投融资体制，创新投融资方式，实现投资资金来源的结构性调整。

我国固定资产投资资金来源目前呈现出“自筹和其他资金”一源独大的局面，因而难以持续。从1995年到2014年，国内贷款和利用外资的比例均处于下降趋势，国内预算资金相对稳定，而自筹和其他资金占比则一路上升，从65.33%上升到82.33%（如图31所示）。固定资产投资以自筹和其他资金为主给投资主体带来了巨大压力，在实践中也迫使投资主体通过各种表内、表外的方式进行融资，这既增加了投资主体的风险，也抬高了融资成本。从未来的政策取向来看，我们建议：其一，加大正规金融体系对固定资产投资的支持。国内信贷在固定资产投资来源中的比重从20年前的20%持续下降到2014年的12%，正规金融体系对固定资产投资的支持虽然在规模上有所增加，但是占比下降过大。这可以通过降低固定资产投

① 我们使用2014年的社会融资存量规模对中国的负债率进行了测算，以社会融资存量规模加上国债，扣除股权融资作为国家债务总规模，测算得出2014年中国的国家负债率为204%，这意味着我国负债已经处于一个较高的水平。

资项目资本金比例、提高风险补偿等手段创造条件推动银行增加支持。其二，大力发展资本市场尤其是债券市场，为固定资产投资创造新的资金来源渠道。这其中有三个重点：一是发展股权融资，降低企业自筹资金的压力。二是重点发展企业债券，企业债券相比于银行贷款资金成本低，融资规模大，期限长，是固定资产投资理想的融资渠道。但长期以来，我国企业债券不发达，截至 2015 年年底，银行间债券市场托管的企业债券规模为 31634 亿元，而且其中大部分还是地方政府融资平台发行的城投债，真正能够被一般企业融资用于设备投资、科技投资等的企业债券少得可怜。要减少审批，推进企业债注册制改革，同时推进企业债、公司债的整合，打造一个统一的债券市场。三是鼓励企业通过资产证券化融资。经过改革开放 30 多年大投资，我国已经积累了数量惊人的资产，这些资产有些有稳定的现金收入，但却不是银行合格的抵押品，有的虽然可以成为信贷融资的抵押品但银行接受的抵押率很低，只能从银行获得很少的融资。融资难以获取严重制约了企业进行新的固定资产投资。但是资产证券化可以带来新的变化，在资产证券化方式下，企业可以以发行资产证券化债券的方式将企业拥有的有现金流的固定资产收益权出售给债券购买方，从债券购买方获得资金去进行新的投资。这实际上是把企业多年投资沉淀形成的固定资产盘活，是企业寻求新的固定资产投资来源的很好方式。我国在 2014 年扩大了资产证券化试点，但到 2015 年年底，我国资产证券化债券余额仅有 5298 亿元，占债券总额的 1.5%。未来可在试点的基础上尽快全面放开，鼓励企业通过资产证券化实现融资。其三，加大国外债券融资力度。随着人民币国际化的推进，国际市场对高质量人民币金融资产的需求大幅上升，我们刚好可以以此为契机在国外发行更多的人民币国债和企业债，支持我国经济建设。

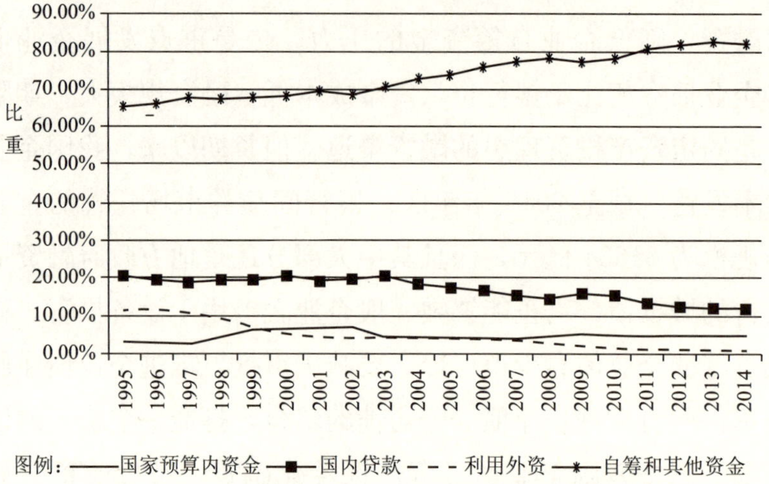

图 31　中国固定资产投资资金来源构成

资料来源：国家统计局。

第三，推动投资主体的结构性调整。现有大规模的投资，依靠任何一个单一主体都是不可能实现的，必须充分发挥多元化投资主体的作用。前面我们已经谈到，在政府投资和企业投资的选择上，应更加偏重企业投资，尤其是民间投资。要切实放宽准入，鼓励社会资本进入各行各业。继续推进商事制度改革，鼓励大众创业，万众创新。尽快把上海自贸区探索出来的有效的负面清单和国民待遇等管理方式向全国推广，继续加快行政审批制度改革，减少民间投资的障碍。

（三）发挥出口对增长的促进作用

我们多次论及一国经济能持续增长，关键在扩内需而非扩出口，尤其是经济大国，更不可将“宝”押在出口上。① 前面我们已经谈到，那种希望长期保持出口高增长的想法不仅不现实，而且也不必要。在新常态下，出口将退出过去30年“出口导向战略”光环，回归到出口在大国经济发展中的本源位置。出口将扮演促进者的角色，而不是经济增长主力。为了完成这一转变，中国既要推动出口转型升级，也要实现出口低位稳定增长。

当前我国出口面临的突出挑战是两头挤压，前面有发达国家占据制高点实施打压，后面则有发展中国家的追赶。中国出口最显著的优势是建立在廉价劳动力、廉价环境、廉价资源为基础上的低成本，由于低成本优势，我们在全球价值链的加工制造环节迅速扩张，成为世界工厂和全球第一大出口国。但近年来由于劳动力价格、环境成本、土地成本等上升，我国的低成本优势不再明显，部分其他发展中国家开始承接我国的出口加工产能转移，对我国出口形成了竞争和替代。根据商务部的数据，2015年前8个月，中国七大类劳动密集型产品在美国进口中的份额从2013年同期的47.7％下滑至46.7％，同期从越南进口的份额从7.0％提高到8.8％，从印度进口的份额从3.6％提高到3.8％。② 另外，发达国家目前仍然牢牢占据研发设计、品牌营销等全球价值链的制高点，而且同时发达国家正在推动全球贸易规则改变，由此影响中国出口，2015年10月，由12个成员国完成实质性谈判的《跨太平洋伙伴关系协定》（TPP）就是一个显著的事实。在两头挤压下，中国

① 王东京：《经济观察笔记》，中国青年出版社2015年版。

② 商务部：《中国对外贸易形势报告（2015年秋季）》。

出口亟待突围。我们已经很难回到低成本时代，突围的方向自然就是研发设计、品牌营销等价值链制高点，但这又非一时之功。因此当前最现实的策略是，一方面采取切实措施帮助企业降低成本，尽量延长出口企业从低成本加工制造向研发设计、品牌营销等环节延伸的时间；另一方面要打造中国出口的综合竞争优势，充分发挥中国制造在成本、技术、服务、创新、渠道等方面的综合竞争力，在性价比上创造出无可替代的中国产品。

中国货物出口压力虽然越来越大，但是中国服务贸易发展仍然大有空间，服务贸易应当成为新常态下出口的重点。这主要基于以下几个事实：第一，从全球看，服务贸易占国际贸易的比例约为20%，发达国家的服务贸易占比基本上高于这个比重，而我国的服务贸易占比只有10%左右，比重偏低。第二，按照WTO的统计，2014年，我国商业服务贸易出口总额2320亿美元，位居全球第五位，占全球之比为4.7%。排名第一的为美国，出口总额6880亿美元，世界占比为13.9%，排在其后的分别为英国、法国和德国。相比于货物贸易，服务贸易出口上升空间较大。第三，我国服务贸易出口和进口呈现逆差，出口有改进空间。我国在货物贸易上一直保持顺差，但服务贸易则出现了不断扩大的逆差。2014年，我国服务贸易出口1909亿美元，进口3829亿美元，逆差1920亿美元，逆差主要集中在旅游、运输、保险、专有权利使用费和特许费等方面。第四，近几年我国服务贸易出口结构有所改善，咨询、计算机和信息服务、其他商业服务等出口高速增长，但服务出口构成和发达国家仍还有很大差距。美国服务出口以旅游、专利特许、其他服务为主，日本服务出口以运输、商业服务、专利特许为主，而我国服务出口以旅游、运输、咨询等为主，但是旅游、运输项目上的逆差最大。这些事实说明我国服务贸易在总量上还有增长空间，在结构上还有改进空间。而近几年我国产业结构服务化趋势也将为服务贸易发展创造很好的条件。为此，可以将服务贸易作为未来推动贸易增长的重点，继续巩固旅游、建筑等劳动密集型服务出口领域的规模优势，重点培育金融、通信、计算机和信息服务、专利授权、特许授权等资本技术密集型服务出口。尤其要突出关注全球服务贸易规则可能发生的改变。2013 年欧盟、美国等发起《服务贸易协定》（TISA）谈判，以替代目前的《服务贸易总协定》。目前 TISA 谈判成员已有 52 个国家和地区，其服务贸易进出口总值占全球 70%以上。TISA 致力于促进全球服务业进一步自由化，重塑服务贸易的游戏规则，这将对未来的服务贸易产生重大影响。我国已经提出加入 TISA 谈判，但目前还没有获得所有成员方通过。未来要尽快加入 TISA 谈判，避免被未来可能出现的新服务贸易体制和框架边缘化。

三、从供给侧发力提升全要素生产率

世界大型企业联合会（The Conference Board）对全球主要国家的经济增长数据进行了持续分析，也分解了这些国家经济增长的来源（如图 32 所示）。从图中可以看出，第一，资本对经济增长的贡献持续上升，从 1991 年的 2.8%上升到 2014 年的 7.0%，近年来带动经济增长作用更为明显。第二，劳动力总量对经济增长的贡献呈现长期下行态势，近期出现剧烈波动。1991年，劳动力总量对经济增长的贡献为1%，随后持续下滑，2007年对经济增长贡献为－1.3%。随后剧烈波动，2010年甚至一度达到2%的增长贡献，但2014年又下滑到0.1%。一般而言，人口总量的变化不会这么剧烈，这种剧烈波动可能与劳动参与率变化有关。第三，劳动质量对经济增长贡献不大，呈阶段性稳定，台阶式下降。2006年以前，劳动质量提升对经济增长贡献长期保持在0.2%，2007年后降到了0.1%，对经济增长构成减速压力。第四，全要素生产率是金融危机后经济减速的主要原因。20世纪90年代以来全要素生产率的贡献波动剧烈，经历了几个周期。2007年全要素生产率贡献了7.6%的经济增长，超过了资本的贡献，但此后快速下滑，2014年对经济增长贡献为－0.1%。鉴于此，促进未来可持续经济增长可以从供给侧发力，提升全要素生产率。

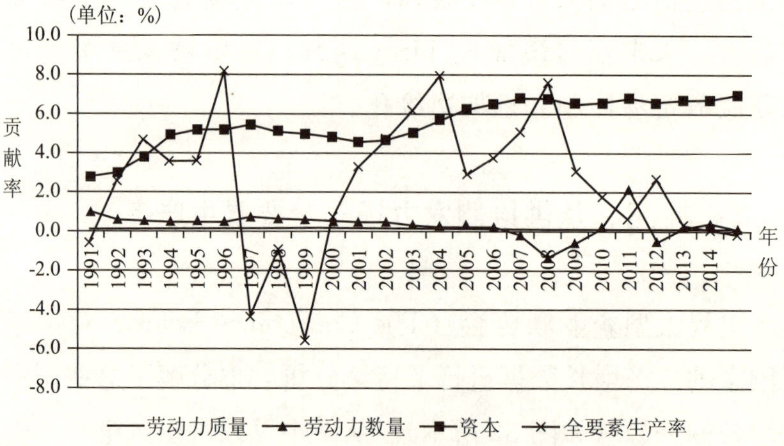

图32　中国经济增长来源分解

资料来源：The Conference Board：Growth Accounting and Total Factor Productivity，1990—2014.

（一）调整人口政策，挖掘劳动力数量潜力

劳动力数量总体上取决于一国人口总量和人口结构，而人口总量和结构很难在短期内改变，因此劳动力数量的调整更多的是边际变化。从政策选项上来看，可从以下几个方面挖掘劳动力数量潜力：第一，调整人口生育政策。这方面我国已经全面放开二胎，短期内政策空间不大，但长期可以适时根据生育情况将计划生育政策转变为鼓励生育政策。第二，延长退休年龄。发达国家基本都会根据人口结构变化和经济发展需要适时调整退休年龄，我国也可以分阶段采取这一措施。目前这一措施已在讨论中，应该早下决心，避免调整滞后。第三，挖掘农业人口转移潜力。前面分析过，我国农业劳动力人口占比仍然显著高于发达国家和其他部分发展中国家。对中国而言，为了确保粮食安全，我们可能无法实现日本、美国那么低的农业劳动人口比例，但随着农村经营制度改革和农业机械及技术的加快引入，我国农业人口占比还有下降空间。

（二）提升劳动生产率，挖掘劳动质量潜力

未来劳动力政策的重点应该放在质量提升上，通过改善劳动力质量提高劳动生产率。劳动力质量提升既可着眼全局，也要重点突出。从全局看要全面提升平均受教育年限，重点则可放在高端人才和技能人才培养上。

1. 加大教育投入，提升平均受教育年限。经济发展实践表明，当一个国家处于发展初期，物质资本投入对经济增长可能贡献较大，但一旦越过这一阶段，经济增长将越来越依赖人力资本投资。而教育投资是人力资本积累和增长的主要

途径。改革开放以来，我国教育投入持续增加，教育发展水平迅速提升。但以平均受教育年限衡量，我国总体教育水平还比较低。

2010年我国平均受教育年限为7.30697年，远低于发达国家的水平，如法国为11.13315（2012年），德国为13.35183（2012年），美国为12.92717（2009年）；同时也显著低于世界上以创新为特征的一些国家，如以色列为12.5447（2012年），瑞典为12.09518（2012年），也低于俄罗斯11.95319（2010年），土耳其7.56071（2012年）等国。这表明我国还需要持续加大教育投入，以提高劳动力素质，增加人力资本积累，服务创新驱动发展战略。

但问题是教育应重点往哪里投，建议投在三个方面：

第一，突出解决落后地区教育发展滞后问题。将贫困落后地区的教育发展作为精准扶贫的重要内容，加大中央财政对贫困地区教育发展的直接投入。

第二，发展学前教育。学前教育在我国教育体系中一直没有得到应有的重视，但很多研究表明学前教育对劳动力成长意义重大。美国曾经有一个佩里学前教育研究计划，该计划对接受学前教育的实验组和不接受学前教育的对比组进行了长期跟踪比较，结果表明良好的学前教育对幼儿的发展影响是多方面的、长远的。佩里学前教育研究计划还估算了学前教育的经济效益，计算结果表明，每个孩子每学年学前教育投入为4818美元，效益为29000美元，即在学前教育上每投入1美元，其效益为6美元。由此可见，学前教育是投资回报很高的教育投资方向。我国财政性学前教育经费占GDP的比重在过去10年间维持在0.03%～0.05%，欧盟国家的学前教育经费占其

GDP 的比重为 0.5%，相当于我国的 10 倍。[①] 要争取将学前教育经费在预算中单列，尤其要将经费更多地投入学前教育薄弱的农村和落后地区。

第三，将 9 年制义务教育延长至 12 年。这是提升平均受教育年限最有效的办法。2014 年，我国高中阶段在校学生 4170.65 万人，当年初中毕业生 1413.51 万人，两者均呈下降态势。假设高中阶段在校学生 4000 万人，按照人均学费每年 2000 元计，一年财政为此需投入 800 亿元，就单项而言规模不小，但就整个财政盘子占比来讲则很小。

当然，在当前财政收入随着经济减速而增速下降的背景下，任何支出增加对财政而言都是压力。对教育的这些投入，可争取由现有财政收入来支出，也可以通过发行特种债券的方式来筹集。按照教育投入产出效益来估算，教育产出完全能够覆盖发债成本。[②]

2. 继续培育和引进高端人才。培育高端人才的关键是改革教育体制。但在我国现有国情下，教育体制改革非一朝一夕能够完成，比较现实的路径还是加大引进高端人才力度。调研发现，引进高端人才要把企业推到前台，发挥企业的关键性作用。经过改革开放以来的积累，中国企业已经能够为高端人才支付有国际竞争力的薪酬，而且企业也已经产生对高端人才的需求，完全可以让企业在全球人力资源市场上自由选择，政府

---

① 解艳华:《建立学前教育生均公用经费拨付制度》,《人民政协报》2015 年 3 月 3 日。

② Barro (1991) 研究发现，中学入学率每提高 1%，将带动人均 GDP 增长 0.03%。如果按照这一数据估算，我国 2014 年初中毕业生升学率为 95.1%，实现义务教育后假设提升 4%，其创造的 GDP 增量将达到数千亿元，完全可以覆盖相应的财政支出。

需要为企业提供一定的激励，为人才的进入、居留提供相关服务即可。

3. 大力培育技能人才。技能人才短缺是我国当前经济发展及人力资源体系中的突出问题。技能人才短缺不仅影响了企业的生产经营，也影响了经济结构调整和产业转型升级，必须通过切实举措加快解决。

第一，提高技能人才地位，在全社会树立劳动光荣、技能人才宝贵的时代风尚。一是提高技能人才的社会待遇。在各种国家级荣誉评选中给予技能人才相应的名额，将世界技能大奖、中华技能大奖获得者和全国技术能手、国家技能大师等纳入高层次人才体系，并享受相关待遇，通过新媒体在青年中广泛树立优秀技能人才的光辉形象。二是提高技能人才的政治待遇，加大技能人才在各级人大、政协、妇联、青联中的比例，鼓励技能人才参政议政。三是在国家杰出青年计划、青年拔尖人才计划等青年人才支持计划下，设立专门支持杰出青年技能人才成长的计划。四是拓宽技能人才的成长空间。在国有企业增加从技能人才队伍中选拔管理人员的比例，在符合有关规定的前提下打通技能人才向机关或事业单位流动渠道，允许具有一定职业资格的技能人才报考公务员，取得一定职业资格的技能人才可按比照工程师、高级工程师等享受有关待遇。

第二，提升职业教育地位，在全社会弘扬普教职教同等重要的观念，鼓励学生报考职业院校。当前职业教育在各方面都被视为低人一等，这导致青年不愿就读职业学校，减少了技能型人才的供给，这种局面必须改变。一是改变中考、高考分批次招生方式。目前中招以高中、中职先后循序排列招生，高招以一本、二本、三本、高职等先后顺序排列招生，这种顺序人为地把中职、高职劣等化了。二是尽快落实国务院提出的“积极推进学历证书和职业资格证书‘双证书’制度”，探索建立与职业教育相符合的学位制度，试行授予职业学校学生相应的学位。三是构建职业资格和学历互通机制。研究确定何种等级的职业资格证书可以等同于学士、硕士。如英国职业资格证书NVQ4 级大体相当于学士学位，NVQ5 级大体相当于硕士学位，同时可以互相转换。获得职业资格证书 NVQ3 的技工可以申请进入大学学习学士学位课程。四是消除社会在就业、升学、报考公务员等方面存在的对职业院校学生的政策限制和歧视。要推动技工院校高级班毕业生参加事业单位招聘、确定工资起点标准、职称评定、职位晋升等方面按照全日制大专学历享受相应待遇政策，并按国家有关规定享受高校毕业生就业创业扶持政策。

第三，充分发挥企业在技能人才培养中的主体作用。一是激励企业更加重视技能人才的培养。将企业技能人才队伍的数量、层次、技术水平等纳入高新技术企业申请的条件，纳入国家产业基金投资的重要条件，鼓励政府在其他对企业的支持政策中纳入技能人才队伍这一前提条件，以此激励企业。二是比照企业设备投资、高层人才引进方面的支持政策，建立企业技能人才培养财政支持政策，对企业培养出达到一定标准的技能人才给予相应的补贴。三是授予优秀企业职业资格自主评价资质。如一般企业可实施高级工（三级）及以下的职业资格等级鉴定；大中型企业可实施高级技师（一级）及以下的职业资格等级鉴定。四是推动大型企业及其他有条件的企业充分利用自有设备、设施、场地、师资和技术力量为行业内其他企业提供职工培训服务，政府以购买服务的形式对其进行补偿。五是鼓励企业自主开办职业教育机构，享受和公办机构同样的生均经费政策。

第四，充分利用好技能大师工作室这一技能人才培养平台。我国2013年启动国家级技能大师工作室建设，在高技能人才绝技绝活代际传承方面取得了很好的效果。应继续增加国家级技能大师工作室评定数量，鼓励各省市开展各级技能大师工作室建设，尽快形成覆盖各区域、各行业的技能大师工作室体系，充分发挥技能大师工作室在传、帮、带方面的作用。加大对工作室人才培养经费支持，加强工作室技能人才培养的考核，引导技能大师工作室更加重视人才培养。建立对技能大师工作室的持续资助机制，将技能大师工作室作为申报各级各类科技项目的合格主体，以技术攻关带动人才培养。鼓励技能大师工作室开展行业性培训交流，支持有条件的工作室升级为技工学校。

第五，大力发展职业教育。当前要突出解决两个问题：一是扩大职业院校在专业设置和调整、人事管理、教师评聘、收入分配等方面的办学自主权，使职业院校得以根据社会需求灵活调整专业、课程和人才培养模式。二是强化职业院校教师队伍建设。目前职业院校实践丰富的专业技术课教师紧缺，严重制约了实用型人才的培养。要打破人事制度限制，鼓励职业院校从企业招聘专职、兼职教师，认真落实职业教育法关于职业学校可以聘请专业技术人员、特殊技能人才担任兼职教师的规定，放宽高工、高技退休人才兼职职教年龄限制。

（三）提升全要素生产率

全要素生产率主要受两方面的因素影响：一是技术进步；

二是资源配置。从长远看，技术进步是全要素生产率提升的根本动力，但在转型国家，资源配置改善也成为全要素生产率提升的重要来源。改革开放以来，我国全要素生产率变动的主要构成来自于劳动力从农业部门转移到非农业部门，资源从非贸易部门转移到效率较高的贸易部门，资源从国有部门转移到非国有部门所带来的资源配置改进效率。未来提升全要素生产率将更多依靠技术进步，但资源配置改善的效应也有巨大空间。①

党的十八届三中全会明确提出“发挥市场在资源配置中的决定性作用”，要通过加快推进各项改革，优化资源配置，提升全要素生产率，促进经济可持续增长。

第一，加快推进市场化改革。积极稳妥从广度和深度上推进市场化改革，大幅度减少政府对资源的直接配置，推动资源配置依据市场规则、市场价格、市场竞争实现效益最大化和效率最优化。要进一步推进简政放权，按照权力清单、责任清单、负面清单明确政府和市场的边界；抓住现在低通胀的时机，尽快推进水、电、气、油等价格改革，把凡是能由市场定价的都交给市场；强化政府市场监管职能，着力清除市场壁垒，消除妨碍全国统一大市场建立的各项地方规定，建立统一开放的国内大市场。

第二，加快推进企业改革。企业是经济发展的主体，企业自主经营、公平竞争是市场在资源配置中发挥决定性作用的基础。当前对地方财政的改革将使地方政府渐次退出经济建设领

① 后面将会有专门的篇章研究创新驱动，因此本部分重点研究如何通过改革和结构调整来改善资源配置，从而提升全要素生产率。

域，企业在经济发展中主力军的作用将更加突出，为此必须通过改革培育一个自主经营、公平竞争、结构合理的企业体系。加快国有企业改革，尽快明确各个国有企业功能定位，强化激励约束机制，分类施策，提高企业市场化、国际化水平。加快发展中小企业和民营企业，降低各种准入门槛，减少对企业的不当干预。加快推进混合所有制发展，把国有企业和民营企业的优势结合起来。

第三，加快金融体制改革。研究表明，中国的金融发展对全要素生产率的改进有积极作用，但目前这种作用主要是通过改善资源配置效率的途径来实现的，创新和技术进步的作用相对较弱。从金融自身看，金融发展不能有力推动技术进步的原因可能是中国金融机构的创新管理能力比较有限。对运用成熟技术、具有较长运行经验的项目，金融机构的投资判断能力比较强。由此，在给定的技术水平下，金融机构能够发挥改善资源配置效率的作用。但是，对运用创新技术和管理方式的项目，金融机构的投资判断能力比较弱，从而无法为推动技术进步的创新型项目提供有效的资金支持。

为此，从提升全要素生产率角度看，未来金融改革一方面要积极推动中国金融体制向“创新推动型”模式转变，在金融体系内部加快发展资本市场、风险投资、创业投资、众筹等与创新更适应的金融市场和金融机构。另一方面也要通过金融改革进一步提升资源配置效率。当前改进金融资源配置要突出解决两个问题：一是刚性兑付；二是僵尸企业。刚性兑付提高了投资者的风险偏好，使得投资者的资金被错配到风险和收益不对称的项目上，造成资源配置中劣币驱逐良币；僵尸企业则成为金融体系的黑洞，占有并源源不断吸取着金融资源，阻碍了金融资源重新配置。打破刚性兑付和处理僵尸企业需要尽快下定决心，否则这一问题会越积越大，越来越难以处理。当然，在打破刚性兑付和处理僵尸企业时政府也要织牢社会保障网，兜住风险底线。

我国经济发展进入新常态后，经济体系呈现出众多阶段性新特征，但是我国经济增长潜力巨大的现实并没有改变，只要我们充分利用好庞大的需求潜力，通过改革和结构调整，将各项要素潜力充分激发出来，创造更好供给，以好供给匹配大需求，我国经济必将实现中长期的中高速增长。

第二篇　结构调整篇

第四章 产能过剩与结构失衡

新常态下，中国经济面临一系列矛盾和问题，其中最为突出的就是产能过剩。目前不少产业产能大幅超出需求，无效供给过多而有效供给不足，企业经营困难加大，投资意愿和投资能力缺乏。关于我国产能过剩问题，学术界流行的观点认为直接诱因是地方政府投资冲动，而地方政府的投资冲动是以GDP为核心的政绩考核标准造成的。不可否认，片面追求GDP现象在某些地区确实存在，而且与产能过剩也的确有某种相关关系，但我们进一步研究发现，除了政绩考核标准之外，推动产能过剩更主要的还是政策因素。本章将从税收、价格与产业政策等三个方面进行分析。

一、现行税制与产能过剩

经济学家诺斯指出："政府的基本目标是财政"，而地方财政的主要来源就是税收。1994年我国开始实行分税制改革，地方政府的财权开始收缩。据国务院发展研究中心报告显示，1994—2002年，中央财权平均为52%，地方财权平均为48%，中央事权平均为30%，地方事权平均为70%。地方政府要提供地方公共产品，同时还要在一定程度上支持地方经济发展，如果没有稳定的财政收入，这些目标无从实现。因此，如何扩大地方财源，增加税收收入，成为各级地方政府首要考虑的问题。

（一）增值税是地方财政收入的重要来源

增值税是我国第一大税种，在实施分税制改革的当年，增值税就达2661.3亿元，占到了税收总量的52.48%。[①] 对地方政府而言，在10余个主要税种（增值税、营业税、企业所得税、个人所得税、资源税、城市维护建设税、房产税、印花税、城镇土地使用税、土地增值税、车船税、耕地占用税、契税等）中，增值税一直贡献巨大（如表13所示）。

仅从2006—2013年的数据来看，在全国31个省（区、市）中，河北、山西、黑龙江、江苏、浙江、甘肃、青海、新疆8省的增值税平均占比均超过了20%，其中山西比值最高为26.57%；而增值税占比在15%～20%之间的有天津、内蒙古、辽宁、吉林、上海、安徽、福建、山东、河南、湖北、湖南、广东、贵州、云南、陕西、宁夏16省；除去海南省比值为9.8%之外，其余6省的增值税平均占比也都在14%左右（如表14所示）。可见，增值税对地方财政收入的作用举足轻重。

① 邹国金：《增值税30年：后来居上成为第一大税种》，《中国税务报》2008年11月27日。

表 13　1998—2013 年全国各省(市)增值税占比

（单位：%）

年份/地区	1998	1999	2000	2001	2002	2003	2004	2005	2006	2007	2008	2009	2010	2011	2012	2013
北京	16.38	10.42	13.32	12.99	12.49	12.78	11.17	10.62	10.54	10.02	8.92	9.39	9.33	8.33	10.05	16.36
天津	18.73	18.47	19.55	21.31	22.54	25.45	21.42	19.36	19.34	21.63	20.08	16.13	15.35	14.06	13.56	17.23
河北	19.04	18.94	17.56	17.23	18.29	26.9	23.25	23.47	22.65	27.18	26.29	22.71	18.97	17.04	16.04	14.8
山西	23.81	21.0	22.29	23.25	25.27	34.8	29.31	27.88	20.39	33.94	34.79	30.18	28.62	27.49	23.24	18.88
内蒙古	15.26	14.29	14.09	14.92	15.5	21.2	16.72	17.46	17.32	22.68	22.25	18.99	18.06	18.25	16.31	15.34
辽宁	18.32	17.81	19.18	17.96	18.58	23.66	18.19	16.74	15.21	18.28	16.99	13.81	12.45	11.06	9.35	9.85
吉林	19.56	18.66	19.66	19.99	20.87	24.4	20.66	19.08	17.53	22.29	20.44	18.43	17.79	14.86	13.5	13.96
黑龙江	23.55	22.59	24.89	24.6	24.09	29.1	26.09	26.72	26.68	31.63	30.8	23.48	22.18	19.61	17.29	16.62
上海	19.85	19.89	19.27	18.37	19.3	19.7	18.02	15.95	17.14	15.87	15.06	15.73	14.35	13.13	19.47	22.34
江苏	26.66	25.24	24.23	23.07	23.8	26.21	23.35	20.08	19.89	21.84	21.2	19.46	16.98	15.78	14.82	15.85
浙江	29.5	27.21	26.27	20.45	22.88	23.02	21.31	19.15	19.15	19.94	19.47	18.58	16.18	15.64	15.73	18.38
安徽	14.62	14.07	14.69	14.71	16.24	20.9	16.67	17.28	16.16	20.5	18.33	16.87	14.94	14.86	13.43	14.77
福建	13.08	12.78	15.1	14.87	17.38	21.61	18.79	16.9	16.23	18.03	17.62	16.65	14.61	13.09	13.22	13.6
江西	12.67	11.92	13.52	13.06	13.32	18.75	13.74	13.39	13.48	18.82	17.96	15.52	14.49	13.63	10.98	12.42
山东	19.9	19.34	19.34	17.5	18.23	22.58	18.7	17.99	17.9	22.23	21.77	18.86	17.59	15.9	14.36	13.85
河南	17.33	16.44	17.14	16.57	16.6	21.92	16.7	16.36	15.58	20.29	20.73	17.15	15.33	14.36	12.78	11.48
湖北	17.38	15.39	15.76	16.01	16.42	22.22	17.5	17.55	14.87	21.58	19.87	18.5	16.14	13.9	12.26	14.06

续　表

年份 地区	1998	1999	2000	2001	2002	2003	2004	2005	2006	2007	2008	2009	2010	2011	2012	2013
湖南	14.66	14.34	14.74	14.3	13.8	19.36	15.16	14.91	14.5	21.03	19.61	17.0	15.4	14.77	13.7	13.48
广东	14.48	13.69	14.51	14.86	17.13	21.06	19.54	17.91	18.26	19.85	19.3	18.54	17.3	15.41	15.65	18.36
广西	14.82	14.09	14.05	13.36	14.1	19.59	14.52	13.89	13.69	20.82	19.0	15.59	14.51	13.36	11.12	11.28
海南	6.37	6.55	7.29	8.04	8.5	15.69	14.23	14.18	12.83	14.93	11.26	8.87	7.82	6.63	5.92	7.69
重庆	16.74	16.66	16.93	16.74	16.5	20.66	14.61	13.11	12.18	16.52	16.08	14.23	12.5	9.28	8.9	9.46
四川	15.0	14.74	14.47	14.02	14.34	17.58	14.93	14.82	13.95	16.39	15.95	13.98	12.68	12.04	11.26	11.19
贵州	15.29	14.87	14.29	14.3	15.71	20.79	16.54	17.19	16.84	21.69	21.14	17.47	16.68	14.75	12.58	11.44
云南	18.17	17.99	17.36	17.58	16.65	21.21	18.34	17.92	17.77	22.64	20.61	17.79	16.06	15.49	13.91	13.02
西藏	16.38	15.21	14.66	13.9	11.75	14.37	11.1	9.83	10.35	17.89	18.09	15.34	13.84	11.3	10.97	15.05
陕西	17.51	15.98	16.52	17.18	17.61	22.11	20.09	20.1	20.15	25.19	24.12	20.88	19.74	18.85	16.74	16.05
甘肃	20.05	19.15	19.49	19.12	19.77	25.08	21.99	20.51	22.24	28.41	23.29	21.08	20.01	17.23	17.4	15.24
青海	19.82	19.44	17.98	19.42	21.83	26.74	23.85	23.17	23.09	28.83	26.06	21.33	19.7	19.13	18.01	16.23
宁夏	18.13	18.39	17.02	13.97	16.57	20.65	19.26	18.3	17.97	24.15	23.64	18.53	15.97	13.78	12.67	13.42
新疆	18.42	17.33	19.31	18.28	18.17	23.94	20.98	23.81	25.05	30.19	28.39	19.14	18.09	16.3	14.39	14.42

注：根据《国家统计年鉴》，1998 年之前增值税与营业税合并计入工商税收，不作为单列指标统计；从 1998 年开始增值税作为单列指标统计。

资料来源：根据国家统计局官方网站（http://www.stats.gov.cn/）发布数据计算得出。

表 14 2006—2013 年全国各省（市）增值税平均占比（单位：%）

北京	11.44	上海	17.72	湖北	16.84	云南	17.66
天津	19.01	江苏	21.25	湖南	15.67	西藏	13.75
河北	20.65	浙江	20.80	广东	17.24	陕西	19.30
山西	26.57	安徽	16.19	广西	14.86	甘肃	20.63
内蒙古	17.42	福建	15.85	海南	9.80	青海	21.54
辽宁	16.09	江西	14.23	重庆	14.44	宁夏	17.65
吉林	18.86	山东	18.50	四川	14.21	新疆	20.39
黑龙江	24.37	河南	16.67	贵州	16.35		

资料来源：根据国家统计局官方网站（http：//www.stats.gov.cn/）发布数据计算得出。

增值税有两个显著特点：一是在生产地征收；二是在生产项下征收。这样一个地区生产型企业越多，税收收入就高，生产型企业少，税收收入就低，可见工业投资对地方政府税收增长至关重要。分税制改革以前，1992 年地方政府获得全国增值税的份额高达 83.25%；1994 年之后，中央与地方以75：25 的比例共享增值税，中央返还一部分后地方政府最多能拿到 30%～35%。在较小的分享比例下，地方政府就不得不想方设法增加增值税税基。正所谓“钱多好办事”，为了保证最大的税收来源，增加财政收入，吸引企业投资办厂就是最佳途径，为此地方政府必然加大招商引资力度，想方设法上投资项目，特别是那些能带来大额税源的重化工业项目，只要企业开工投产，不管有没有赢利，按生产规模都要向地方缴纳增值税。

（二）增值税的贡献大户往往是产能过剩行业

根据地方国税部门统计，重点税源即缴纳增值税最多的行业主要包括钢铁、汽车、建材、煤炭、化工、机械、造纸等，而这些行业往往都面临产能过剩。调研中我们发现，例如山东、河北、辽宁、江西等地，钢铁业虽然过剩，但钢铁企业却是当地的税源大户（如表15所示）。

表15 2000—2012年有关地区钢铁业增值税及其占比

年份＼省份	山东		河北		辽宁		江西	
	绝对值（亿元）	占比（%）	绝对值（亿元）	占比（%）	绝对值（亿元）	占比（%）	绝对值（亿元）	占比（%）
2000	12.13	4.12	25.9	15.38	32.98	18.73	4.93	8.68
2001	13.24	3.99	29.96	14.98	30.68	15.63	6.24	8.88
2002	17.9	4.49	40.77	17.38	40.05	16.89	7.66	9.89
2003	28.67	6.05	68.18	23.4	54.07	18.87	11.78	12.35
2004	37.53	6.19	95.55	23.7	69.01	20.6	13.33	11.37
2005	56.57	7.34	115.03	22.31	82.76	20.93	15.85	11.16
2006	77.96	7.92	143.87	23.82	91.47	21.43	17.28	9.89
2007	120.63	10.09	193.73	26.36	124.18	23.96	24.67	10.65
2008	79.95	5.56	188.82	21.1	79.51	13.15	23.36	8.38
2009	122.27	8.59	216.11	23.63	136.78	23.19	26.61	7.68
2010	92.73	5.17	168.94	15.94	111.86	14.92	19.11	4.01
2011	88.94	4.19	176.85	13.52	93.37	10.95	22.06	4.04
2012	103.96	4.53	215.44	15.3	111.28	12.39	25.23	5.11

资料来源：历年《中国工业统计年鉴》。

众所周知，河北、辽宁是钢铁大省，钢铁企业数量较多，其中河北钢铁和鞍山钢铁在2014年全国最大的51家钢铁企业中均排进了前十名。近十多年来，河北钢铁企业的增值税占比平均值为19.76%，辽宁钢铁企业的增值税占比平均值为17.82%，均接近20%。相比之下，山东、江西的大型钢铁企业并不多，如山东主要有莱芜钢铁、济南钢铁（2008年合并为山东钢铁集团）、青岛钢铁、泰山钢铁等几家，江西主要包括南昌钢铁、洪都钢铁厂、新余钢铁、萍乡钢铁、九江钢铁等企业。可即便如此，这两个省钢铁企业的增值税占比平均值也分别达到了6.02％和8.62％，这表明钢铁企业为地方政府缴纳的增值税额是非常可观的。

除了钢铁，汽车产业对地方增值税的贡献也很显著。比如吉林与湖北，分别是我国一汽、二汽所在省区，根据当地有关部门提供的数据，汽车产业的增值税份额也占到了相当比重。

此外，产能过剩比较严重的水泥行业，在地方增值税中也占有一定比例。比如浙江，2006—2013年的统计数据显示，水泥行业平均每年缴纳的增值税达53亿元，平均占比为3.3％。在甘肃省，虽然水泥工业企业的平均规模较小，但近年来水泥行业缴纳的增值税也达到了年均3亿元左右。

正是由于钢铁、汽车、水泥、电解铝、平板玻璃等行业能给一个地区带来规模可观的增值税，因此即使面临产能过剩，当地政府也会帮助这些产业继续扩大投资，甚至不惜代价继续招商引资，吸引更多企业到本地区投资办厂。这样为了竞争税源，各地就会竞相上马工业项目，最终导致地区重复建设，产业结构趋同。据统计，在各地政府编制的“十五”规划中，长三角15个城市中有14个都将汽车设定为各自的支柱产业。根据国家统计局的调研，目前23个省、区、市建有整车生产线，但规模小、布局散、自主研发能力差，在123家整车厂中，产量在5万辆以上的仅18家，绝大多数产量在1万辆以下。而2008年金融危机后，全国31个省都将光伏产业列入了重点发展的产业目录，结果到2010年，全国各地已有光伏企业1000

多家，产能达35GW，远超同期国内外市场需求总和。有研究显示，2011年我国东部与中部的第二产业结构相似系数高达0.9998，中部与西部第二产业结构相似系数达0.9991，东部与西部第二产业结构相似系数达0.99882[①]。

二、价格管制与产能过剩

在完善的市场经济条件下，如果某种产品的供给大于需求，市场会通过价格自动调节，最终达到供需平衡。同样，如果产能过剩，也可以通过价格调节等市场方式出清。比如美国的页岩气革命，一段时期内形成了过度投资，导致天然气价格下降，市场力量自然使得一部分企业退出。但在我国，目前为止还未完全建立市场决定价格的机制，特别是一些资源要素价格，如土地、水电价格等，无法真实反映市场供求关系，因此对投资者而言是一种误导，结果必然导致资源配置错位。

（一）人为压低土地价格

地方政府是当地土地价格的主要确定者，为了吸引企业投资，政府通常以远低于实际价格的廉价甚至零地价向企业提供工业用地。最典型的如2004年轰动一时的“铁本事件”。江苏铁本钢铁有限公司是常州一家民营企业，由于产值高、利税大，当地政府决定全力支持铁本扩大生产规模，于是向铁本出让6541亩土地，价格为每亩11万元，而当时常州的工业用地

① 李桢：《区域产业结构趋同的制度性诱因与策略选择》，《经济学动态》2012年第11期。

仅开发成本就达每亩15万～20万元，市场价格高达每亩40万元，这就相当于地方政府为铁本项目提供了20亿元左右的投资补贴。其实这种现象并非特例。前两年某地的国家级经济开发区为上马重化工项目，以零地价给予投资者6平方公里、市值高达20多亿元的土地配套。而从各地区实践来看，商业用地、居住用地普遍采用"招拍挂"，即通过招标、拍卖或挂牌等方式向社会公开出让；可对工业用地，则长期保持行政划拨与协议出让为主的用地体制，并未全部进入市场化运作。

对各类用地价格，国土资源部分季度对全国105个主要监测城市进行统计，从官方公布的2009—2015年第一季度全国土地价格监测数据看，较之于商业用地和居住用地价格，工业用地价格一直处于很低的水平（如图33所示）。经数据处理显示，这一时期商业地价平均为5573.72元，居住地价平均为4476.72元，而工业地价平均为662元，仅占商业地价的12%，居住地价的15%，工业地价与商业地价、居住地价的绝对值差额2015年最高分别达5847元和4559元。

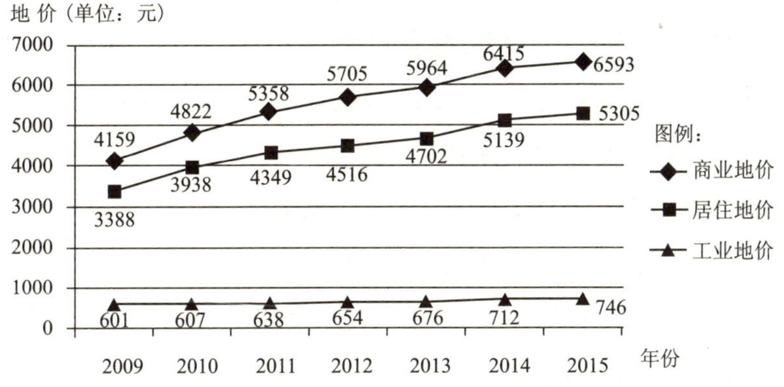

图33　2009—2015年第一季度全国主要监测城市地价一览

资料来源：国土资源部发布各年度《第一季度全国主要城市地价监测报告》。

不仅如此，从近年来各类土地价格的增长速度来看，商业用地价格和居住用地价格都呈明显上升的趋势，而工业用地价格一直较平稳，增速最慢（如表16所示）。7年间商业用地价格年均增速为5.91%，居住用地价格年均增速为5.69%，而工业用地价格年均增速仅为3.37%，2009年还一度出现负增长。从相对增速看，工业用地价格与商业用地价格最高相差5.49%，工业用地价格与居住用地价格相差高达8.12%。

表16　2009—2015年各类土地价格增速　　（单位:%）

地价＼年份	2009	2010	2011	2012	2013	2014	2015
商业用地	0.12	8.54	10.99	5.74	4.53	8.17	3.22
居住用地	−2.61	11.86	10.23	3.70	4.12	9.52	2.98
工业用地	−0.24	3.74	5.50	2.39	3.27	5.27	3.62

资料来源：根据国土资源部发布的各年度《第一季度全国主要城市地价监测报告》数据计算得出。

2007年之后，中央政府针对地方政府大规模协议供应工业用地招商引资、开发区建设过热的问题，专门提出工业用地一律要用“招拍挂”的方式出让，但在具体执行中，不少地方政府还是走了样，搞所谓的“定向招拍挂”，即在每一块地上限定很多条件，最后只有一家符合条件，政府再以很低的价格出让。还有一些地方政府，事先开出的土地出让价格很高，等企业投资到位后再全部或部分返还。由此可见，正是由于工业用地价格被人为压低，因而大大降低了企业的生产经营成本，从而助长了企业跑马圈地，刺激了企业投资上项目。

（二）行政干预电价

对钢铁、水泥、电解铝等制造业，生产过程中需要消耗大量的水、电等能源，比如在电解铝生产中，根据国研中心的测算，用电成本是最大成本，占到总成本的40%～50%，电价每增加1分钱，每吨电解铝的生产成本直接增加140～145元。在我国，80%的电能是靠烧煤得来的，因此煤炭价格对电价有很大影响。从1993年开始，煤价开始放开，但电价至今仍受管制。

从世界范围看，发达的市场经济国家由市场定价，电价普遍比较高，而发展中国家是政府定价，电价定得比较低。早在1988年，世界银行就做过一个统计，63个发展中国家的电费加权平均仅为0.4美元/千瓦时，相当于经合组织国家平均电价的50%，发展中国家合理电价水平的40%。根据国家发改委的数据，2010年我国工业电价在世界上处于中等偏下水平。2010年，我国工业电价平均为0.58元/千瓦时，据统计，同期美国、日本等26个国家和地区平均为0.12美元/千瓦时，我国工业电价约为上述国家平均值的72%。分地区比较，我国工业电价为欧洲国家平均水平的70%，日本的56%。[①] 可见，在政府干预下我国的工业电价是严重偏低的。

工业部门不仅电价便宜，而且长期享受政府的用电优惠政策。从地方经济发展实践看，地方政府常常以奖励、补贴、直接降价等方式干预电价，以此来降低企业的生产成本，刺激企业生产投资，加快能源产能释放。如宁夏石嘴山市，对钢铁、

① 朱成章：《电改应从电价改起》，《中国能源报》2013年5月26日。

铁合金、电石、碳化硅、多晶硅、单晶硅、金属锰产品生产企业实行电价补贴政策已持续多年，补贴标准按抄见电量每千瓦时补贴1分钱。在贵州遵义、铜仁等地，也先后出台工业企业用电补助办法。比如铜仁出台了《2013年工业企业亏损补贴和用电补助办法》，对全市规模以上电解铝、工业硅、电解锰、铁合金、高碳铬铁、中低碳锰铁、电解二氧化锰等行业企业，按0.03元/千瓦时实施补贴，企业用电枯水期按0.02元/千瓦时补助，平水期按0.04元/千瓦时补助，补贴补助市级财政承担20%，企业所在区县、开发区财政承担80%。

作为国家级能源化工基地，陕西榆林在全省经济总量排名中位列第二，2013年1—4月，该市煤炭、油气、电力、化工等支柱行业增速比去年同期均有大幅度回落，有的行业还出现负增长。鉴于此，榆林市政府从5月开始便向地方或地方控股规模以上电石、铁合金、金属镁、玻璃、水泥生产企业给予0.07元/度的用电奖励，开支来源大体构成是：省财政补贴1分钱，市县财政、电网企业各承担2分钱。[①] 同样在2013年，云南昆明市为确保规模以上工业增加值增长15%以上，市委、市政府办公厅联合印发《关于促进当前工业经济平稳较快发展的实施意见》，对工业企业实行鼓励用电政策，装备制造业、消费品工业每千瓦时补助0.10元，用电大户最高可获80万元补贴。

在新疆，低电价一直是吸引区内外工业企业投资办厂的优势。自2013年11月1日起，疆内五地州大工业企业生产用电

---

① 张延龙、刘夏村：《陕西打造“低价电区”能源“金三角”成本竞争》，《经济观察报》2013年6月24日。

价格由过去的平均 0.487 元/千瓦时降至 0.448 元/千瓦时，降价幅度达到 8%；阿勒泰、克州、喀什等地州工业园区大工业电价由过去的平均 0.49 元/千瓦时，降至全区最低的 0.363 元/千瓦时，降价幅度达到 26%。这两项降价措施预计一年减轻用电企业负担 2.4 亿元。[①] 据阿勒泰地区测算，电价下调预计可给阿勒泰地区大型工业企业每年减轻负担 5000 余万元。调研中库尔勒新汶矿业集团一位负责人介绍说，“一度电降低 2 分 5 厘，按照我们企业年生产量的需求电量来计算，每年能节省 30 万元的成本支出。”

（三）行政干预水价

从全球范围来看，我国由于用水的市场定价机制没有形成，水价整体上处于较低水平。在我国，60%以上的工业用水集中在火力发电、钢铁、石化、纺织和制造等行业，而工业水费占工业总产值的比重不足 1.5%，远低于发达国家水平。从不同类型的用水价格看，在居民生活用水、行政事业用水、工业用水、经营服务用水、特种行业用水中，工业用水的价格仅略高于居民生活用水和行政事业用水。

国家水专项《水环境保护价格与税费政策示范研究》课题组通过比较 2010 年全国各城市的水价发现，虽然从全国来看，工业水价是高于居民生活水价的，但这个高出的幅度显然不合理。如果考虑到工业用水的机会成本和保护成本，我国多个城市普遍存在工业、民用水价倒挂的现象。如合肥市，2009 年

① 刘书成：《新疆拟用“低电价区”营造良好投资环境》，新疆亚心新闻网，2013 年 12 月 28 日。

居民生活用水第一级阶梯水价为2.06元/吨，工业水价2.39元/吨，其间只有0.32元/吨的差距。以我国2009年用水量为例，工业用水占总用水量的23.3%以上，居民生活用水仅占12.5%，但二者的价格并没有拉开差距，分别为3元/吨和2.25元/吨，这显然降低了企业的生产成本。

不仅如此，不少地方政府还对工业企业用水进行扶持。比如广州南沙经济技术开发区对产值增长的工业企业给予用水补贴，具体政策是：产值比2013年增长18%以上（含18%）的全额奖励水费差额；产值比2013年增长15%～18%区间的（含15%）奖励80%的水费差额；产值比2013年增长10%～15%区间的（含10%）奖励50%的水费差额。甘肃省白银市也出台规定，要求充分利用国家、省级各项优惠政策和扶持资金，对工业企业用水进行扶持。

三、产业政策与产能过剩

为促进产业发展与经济增长，政府通过产业政策即以中长期产业规划及投资目录、税收减免、投资补助、贷款贴息、关税保护、核准等多种方式和手段来调控某个行业的生产、经营与交易。1989年，我国颁布《中国产业政策大纲》和《关于当前产业政策要点的决定》，标志着我国开始制定和实施产业政策。20世纪90年代之后，产业政策便作为我国常规的一种调控措施，在优化产业布局、促进产业升级和带动整个经济发展方面发挥了积极的作用。但纵观我国经济发展的不同阶段，实施产业政策也在一定程度上造成了产能过剩。

（一）产业支持政策令地方政府一哄而起

实践表明，产业政策鼓励的，结果往往出现产能过剩。如“九五”鼓励发展的产业，到“十五”产能就过剩；“十一五”鼓励发展的产业，“十二五”时就过剩。这在以下几个时间节点表现得尤为明显。

第一个节点是“九五”（1996—2000年）时期。1994年我国颁布了《90年代国家产业政策纲要》，这是确立社会主义市场经济体制改革目标后第一个正式的产业政策，专门针对一些具体的行业，如国家鼓励发展的工业建设项目等进行专项指导。而产业政策列入“五年规划”则是从“九五”开始的。“九五”时期的产业规划提出，要振兴发展煤炭、钢铁、汽车、建材等支柱产业，为此各地区要从政策层面引导和调整财政资金、信贷资金的投向，围绕这几类产业进行重点倾斜。

然而到“十五”期间（2001—2005年），钢铁、煤炭、水泥等产业的产能过剩问题开始释放。2003年，国家发改委指出钢铁、电解铝、水泥和汽车4个行业存在产能过剩。商务部调查数据显示，2005年上半年，国内39个工业行业的产成品库存同比增长19%，特别是钢铁、汽车、电解铝等产品供过于求的矛盾更为严重，出现了价格下跌、库存和应收账款大幅增加的现象。

第二个节点是“十一五”（2006—2010年）。2009年国家颁布实施了《十大重点产业的调整与振兴规划》，旨在支持钢铁、汽车、船舶、石化、纺织、轻工、有色金属、装备制造业、电子信息以及物流业等产业发展。比如对于钢铁产业，要实施适度灵活的出口税收政策，稳定国际市场份额，要加大技术改造、研发和引进力度，在中央预算内基建投资中列支专项资金，推动钢铁产业技术进步，调整品种结构，提升钢材质量。对汽车产业，要支持大型汽车企业集团进行兼并重组，支持汽车零部件骨干企业通过兼并重组扩大规模；支持企业自主创新和技术改造，今后3年由中央安排100亿元专项资金重点支持企业技术创新、技术改造和新能源汽车及零部件发展等。

可是进入到“十二五”（2011—2015年）时期，工业制造业领域的产能过剩问题就越来越突出。2011年，有色金属行业铜、铝、铅、锌冶炼产能新增合计1700万吨，是2006—2008年的1.2倍；焦炭累计新增产能2.11亿吨，是此前3年的1.5倍；平板玻璃累计新增产能3.69亿重量箱，是此前3年的1.4倍；电石累计新增产能708万吨，是此前3年的1.4倍；汽车累计新增产能563万辆，是此前3年的1.2倍；化纤累计新增产能888万吨，是此前3年的1.3倍；氮磷钾肥累计新增产能2751万吨，是此前3年的1.2倍。

到2012年，中国大宗商品研究中心的数据显示，能源、化工、橡塑、有色、钢铁、纺织、建材和农副八大行业中的500多个产品，90%以上的产品的产能利用率低于80%，并且超过一半的产品的产能利用率低于70%，产能利用率低于60%的产品接近1/4。很显然，以钢铁等重工业为主导的产能过剩已经扩散为制造业的整体产能过剩。2013年国务院发布《关于化解产能严重过剩矛盾的指导意见》，其中涉及产能过剩的产业如钢铁、水泥、电解铝、平板玻璃、船舶等，几乎都在2009年要振兴的范围之内。

除了传统产业，一些战略性新兴产业也遭遇到“一鼓励就过剩”的尴尬。例如近年来，产业政策十分重视高新技术产业发展，结果全国各地都上高新技术。在长江三角洲地区，14个城市排在前4位的支柱产业均为电子信息、汽车、新材料、生物医疗，趋同率达70%。典型的还如光伏。2010年国务院颁布的《关于加快培育和发展战略性新兴产业的决定》提出，“开拓多元化的太阳能光伏光热发电市场”，并由财政部、科技部、国家能源局联合印发了《关于实施金太阳示范工程的通知》，综合采取财政补助、科技支持等方式拉动发展，2—3年内投资补助最高达70%。一时间全国各地的光伏开发区、产业园遍地开花，大量太阳能光伏企业开始迅速扩张产能规模。数据显示，在近半年内，尚德、英利、天合、阿特斯、晶澳等一线企业的产能都扩张了1倍以上；到2011年年底，国内光伏生产企业达到了500多家，产能占到全球光伏产能的80%以上。可正是从这时起，光伏市场开始出现供需失衡，产能过剩，很多企业出现严重的经营亏损甚至破产。国家发改委能源研究所的数据显示，2012年中国光伏组件产能达到45GW，而当年的全球产量仅为38.4GW。

（二）产业抑制政策对治理产能过剩力不从心

从“十五”开始，我国就开始出现产能过剩，为抑制过剩，国家陆续出台了一系列产业政策加以调控。据统计，近十年来，仅中央一级就出台了大量“通知”“决定”“意见”等行政性文件，可以说政府通过产业政策治理产能过剩的力度不断加大，治理重点也越来越明确。但结果却事与愿违，往往是越抑制越过剩，越调控越失控。

1.“十五”时期。在制定“十五”规划时，我国政府就认识到部分行业出现了过剩生产能力，提出要加快工业改组改造和结构优化升级，淘汰落后产能，压缩过剩产能。以钢铁产业为例，早在2001年国家就开始对钢铁业实行“总量控制，结构调整”，但2002年年底钢铁投资总额达710亿元，比2001年增长45.9%；2003年投资总额达1329亿元，同比增长96%；2004年投资增幅高达107%；到2005年年底，我国炼钢能力已达4.7亿吨，在建能力和拟建能力约为1.5亿吨，而当时的钢铁市场需求只有3亿吨左右。①

2.“十一五”时期。针对“十五”期间工业领域出现的产能过剩问题，2005年年末，国务院常务会议第一次专题部署抑制产能过剩，并于2006年3月公布了《关于加快推进产能过剩行业结构调整的通知》。《通知》要求要通过提高准入门槛、严格审批等手段严控新上项目，通过关闭一批破坏资源、污染环境和不具备安全生产条件的小企业以及加强技术改造等手段淘汰部分落后生产力。然而这一时期，投资加速的重点依然在工业部门，特别是能源与基础原材料行业，如有色金属、煤炭、化工、水泥等。2005—2008年，这些行业投资平均增速基本保持在30%以上；其中煤炭与电气更是超过40%，是同期GDP增速的3倍以上。② 除此之外，钢铁业过剩仍较严重。2006年上半年国家发改委专门下发了《关于钢铁工业控制总量、淘汰落后、加快结构调整的通知》，力争在“十一五”期间将钢生产能力控制在4亿吨左右，淘汰1亿吨落后炼铁生产能力和5500万吨落后炼钢能力。但此后不到一年时间，全

① 陆百甫：《当前我国产能过剩问题剖析与对策》，《中国经济报告》2007年12月15日。

② 丁寒雪：《中国工业领域产能过剩发展现状分析》，《中国信息化管理》2014年第8期。

国钢铁产能却迅速超过 4 亿吨规模。

3. “十二五”期间。到“十一五”末，钢铁、水泥、平板玻璃、煤化工、多晶硅、风电设备等多个行业的产能过剩愈来愈严重，2009 年 9 月，发改委联合十部门制订了《关于抑制部分行业产能过剩和重复建设，引导产业健康发展的若干意见》，通过名单制淘汰、提高准入门槛、严控供地用地、暂停批复项目等一系列手段对过剩产能进行抑制。尽管此次调控手段严厉，但到 2012 年年初，全国钢铁产能早已超过 10 亿吨；水泥产能从 18.7 万吨增至 29 亿吨；平板玻璃从 6.5 亿重量箱增至 9.9 亿重量箱；多晶硅从 2 万吨增至 15 万吨；电解铝从 1800 万吨增至 2600 万吨。[①] 据测算，上述行业的实际产能过剩率几乎都在 30%以上。

出现以上情况，究其原因：一是产业政策跟不上市场变化。产业政策是由政府制定的，可政府官员并不在市场一线摸爬滚打，而市场需求变化太快，特别是全球经济一体化后，国际国内市场更是瞬息万变，官员不可能对市场信息充分地了解和把握，跟不上市场的速度，也就不可能应对市场变化，并及时作出决策。正所谓“计划赶不上变化”，因而产业政策难免失效。二是受利益驱动，地方政府对产业给予优惠和保护。一方面，对国家产业政策鼓励和扶持的行业，地方政府在财政、税收、金融、土地等方面竞相给予企业尽可能多的补贴与优惠，甚至在环保技术上也降低要求，这样企业的成本会降低，投资的企业数量也就大大增多。另一方面，对钢铁、水泥、平

---

① 张玉娟、张冰楠等：《中央政府与地方政府视角下的产能过剩》，中国新闻网（www.chinanews.com），2014 年 4 月 22 日。

板玻璃、电解铝等产能过剩的传统行业，地方政府出于税收和就业的考虑，也会设置保护壁垒，尽力不让这些企业倒闭和出局。即使这些行业被列入要淘汰的落后产能之列，地方政府也会人为地设置一些保护壁垒，明里暗里加以保护，使落后产能淘而不汰。

综上分析表明，我国产能过剩主要是受税收、价格、产业政策三方面政策因素的影响，即以增值税为主体的税收政策强化了地方政府的投资冲动，形成了工业领域的产能过剩；价格管制政策扭曲了市场配置资源的信号，进一步加剧了产能过剩；产业支持政策往往对产能过剩推波助澜，而产业抑制政策对化解产能过剩却力不从心。

在这些因素的综合作用下，市场信号失真，要素资源错配，最终导致产能过剩。由此可见，产能过剩不仅反映了经济总量上的供大于求，还在更深层次上反映出经济运行中供给结构与需求结构的脱节，市场供给与市场需求之间存在严重的不平衡、不协调、不可持续等问题。因此产能过剩从表面看是一个总量问题，但实质上是结构问题。

第五章　结构调整的逻辑与重点

要解决当前经济运行中的突出问题，化解产能过剩，结构调整势在必行。而调结构既可以从需求侧入手，如调节投资结构、消费结构、出口结构等，也可以从供给侧发力，适应市场需求变化调整生产资源、要素结构。在经济新常态下，结构调整应坚持怎样的逻辑？调结构的重点是什么？本章将围绕这些问题进行讨论。

一、当前结构失衡的突出表现

改革开放以来，随着我国工业化的推进，国民经济各个产业都得到了快速发展，产业间协调性不断增强。但从整体上看，产业结构问题依然比较突出，如农业低水平发展，工业制造业存在明显的“两高一低”特点，生产性服务业发展滞后，结构失衡直接制约了经济社会可持续发展。

（一）农业发展基础薄弱

我国虽然是一个农业大国，但农业资源禀赋先天不足，人均自然资源占有量远远低于世界平均水平，而现阶段我国农业发展水平仍然较低，农产品竞争能力差，农业耕作方式对资源环境也造成了较大压力，突出表现在以下三个方面：

第一，农业制种技术落后。制种技术是现代农业最重要的载体，目前在我国粮食生产中，除水稻、玉米、小麦等农作物使用了良种，其他粮食作物基本停留在过去传统的品种上，不仅没有多少改良，甚至还出现退化的现象。与此同时，我国种业发展远远落后于发达国家，对进口种子的依赖性很强。前瞻产业研究院发布的《2013—2017 年中国种子行业产销需求与投资预测分析报告》显示，2013 年我国国内约有 64%的种子源于进口。而目前在华注册的外资（含合资）种子企业已超过 70 家，国外种子公司凭借其先进的科技、雄厚的资金、丰富的市场运作经验，控制了我国蔬菜种子近 50%以上的市场份额，几乎涉及所有品种的蔬菜作物。以山东寿光为例，寿光被称为“中国蔬菜之乡”，蔬菜种子年交易量达 8000 多吨，但其中 2/3 以上来自国外种子公司，菜农每年购买蔬菜种子的花费高达 3 亿元，因此制种业一直是寿光蔬菜产业的软肋。

第二，农业生产水平低。现阶段我国农业生产方式仍然是以家庭为主导，机械化水平不高，劳动生产率低下，规模效益差。即使一些地区使用农业机械化生产，但主要集中在三大粮食作物的耕种收环节，而像林果业、经济作物、养殖、丘陵山地等机械装备严重缺乏。从农业科学技术的运用来看，总体水平也不高，跟踪、模仿甚至低水平重复研究还较多。数据显示，我国 50%以上的生猪、蛋肉鸡、奶牛良种几乎都依赖进口。农业生产技术跟不上，必然导致农业综合生产效率低下，以谷物生产为例，美国、法国和德国的农业劳动力人均生产谷物量分别是中国的123.78倍、71.3倍和44倍。[①] 农业生产技术水平落后也直接影响农产品附加值，目前农产品加工业尚处在初级阶段，保鲜、包装、贮运、销售体系发展滞后，初级产品与加工品比例不协调。在欧美发达国家，农产品加工业产值与农业产值之比大都在2∶1以上，而我国只有0.43∶1[②]，差距明显。

第三，农业投入品过量施用，污染环境。长期以来，我国农业增产靠化肥、治病靠农药，畜禽粪便、农作物秸秆和农田残膜等农业废弃物不合理处置，不仅使地越种越薄，还带来严重的面源污染、白色污染，使曾经的田园净土遭受各类污染侵害。农业部公布的数据显示，我国化肥、农药的生产和使用量都是世界第一，但化肥、农药的利用率比世界发达国家却低15%～20%；农业生产每年多消耗180多万吨柴油、22万吨原药、1000多万吨化肥、900多亿立方米灌溉用水。有的地区因为使用免耕法，致使土地土质结构破坏、板结越来越严重，肥力越来越差。这些做法既严重浪费资源，又严重危及农业发展和农产品质量安全，对生态环境和人类生产生活安全造成了巨大威胁。

（二）工业制造业生产经营粗放

近30多年来，制造业对我国经济增长的贡献率基本保持在40%左右，工业制成品出口在全国货物出口总量中占到了

---

① 李树君：《建立现代农业大格局》，《中国科学报》2015年4月15日。

② 吴美平：《当前我国产业结构的现状、特点及演进方向》，《商场现代化》2009年第23期。

90%以上[①]，成为拉动投资、带动消费的重要力量。2010年我国制造业增加值在全球占比首次超越美国，成为世界制造业第一大国，但尽管如此，我国制造业依然大而不强，在国际市场缺乏竞争力。

首先，工业能耗居高不下。长期以来，我国制造业生产方式都是以资源要素的高投入、高消耗、高排放为显著特征的。数据显示，我国单位GDP耗能是美国的3.36倍、日本的6.93倍、德国的5.52倍、印度的1.16倍、世界平均水平的3.19倍。2013年全国能源消费量高达37.5亿吨标煤，占世界总能耗的22%左右，其中工业能耗占国内一次能源消耗的比重超过70%。[②] 从2014年上半年来看，虽然规模以上工业增加值实现同比增长8.8%，但化学原料及化学制品制造业、非金属矿物制品业、黑色金属冶炼及压延加工业、有色金属冶炼及压延加工业、石油加工炼焦及核燃料加工业、电力热力的生产供应业六大高耗能行业的能源消费量仍在持续增长。

其次，高能耗对生态环境造成严重污染。目前我国已成为世界二氧化硫和二氧化碳的最大排放国。以水污染为例，对118个城市连续监测得到的数据显示，约64%的城市地下水遭受严重污染，33%的地下水受到轻度污染，基本清洁的地下水只有3%。此外全国耕种土地面积的10%以上已受重金属污染，共计约1.5亿亩；因污水灌溉而污染的耕地有3250万亩；因固体废弃物堆存而占地和毁田的约有200万亩。统计数据显

① 国务院：《中国制造2025》。

② 高云虎：《狠抓节能环保，促进工业绿色转型》，在《工业和信息化部2014中国节能减排大会暨百强榜发布会论坛》的讲话，新浪财经网，2014年8月26日。

示，每年因重金属污染的粮食高达1200万吨，造成的直接经济损失超过200亿元。世界银行估计，环境污染给中国造成的损失相当于GDP总量的3.5%～8%。①

除此之外，工业产品技术含量低。尽管我国目前工业产品种类有500多种，但高技术含量、高附加值的产品占比不大。据统计，我国制造业总量规模占全球的6%，而研发投入仅占世界的0.3%；行业顶尖人才和领军人才缺乏，每万名劳动力中从事研发活动的科学家工程师数量远远低于美国、日本和韩国。经济合作与发展组织（OECD）数据显示，2012年我国的研发支出占GDP的比重仅为1.985%，低于OECD的平均值2.397%，低于美国的2.792%和德国的2.977%，更大幅度低于日本的3.353%和韩国的4.358%。研发不足必然导致技术水平落后。虽然从产品结构上看，我国制造产品的很大比重是机电、通信等高技术产品，但我国企业大多是在对这些产品进行组装，产品的核心技术往往都掌握在他人之手。世界银行统计，2012年，我国制造业增加值为23306.8亿美元，在全球制造业占比超过了20%，位居世界第一位；但与此同时我国制造业增加值率仅为21.5%，远低于工业发达国家35%的平均值。②

（三）生产性服务业发展滞后

生产性服务业直接或间接为工业生产过程提供中间服务，如研发、设计、咨询、财务管理、金融保险、商务信息等。以

① 黄旭：《中国制造之痛：环境污染》，《电脑报》2013年1月31日。

② 金振娅、袁于飞：《中国制造2025：让中国制造业不再“大而不强”》，《光明日报》2015年4月26日。

汽车行业为例，销售一辆汽车所得的利润，制造业分得的利润占比大约为50%，而其余部分均属于汽车产业链中的设计、广告、策划、保险等服务业。随着经济全球化的深化，发展生产性服务业成为不少跨国企业的共同选择。比如全球500强企业之一的通用电气，本是一家纯粹的制造业企业，但目前却升级为一个多元化的科技、媒体和金融服务公司，并且绝大部分营业收入都来自于服务。当前我国仍处于工业化中期，第三产业尤其是生产性服务业对支撑制造业创新升级发挥着重要作用。而实践表明，现阶段我国生产性服务业发展十分欠缺，特别是与发达国家相比，在生产性服务业方面差距较大。

数据显示，发达国家的产业结构普遍存在“两个70%”现象，一是服务业占GDP的比重为70%；二是生产性服务业占服务业的比重为70%。而现阶段，我国服务业的内部结构虽然逐步由传统服务业向现代服务业过渡，但仍以传统的商业（主要是批发、零售业）和运输业为主，金融、信息、咨询等行业还没得到充分发展。由于长期以来忽视生产性服务业的配套发展，缺乏关联产业和支持产业，不少企业特别是大量中小企业所需的信息、技术、融资等各类社会化、专业化服务得不到满足，导致企业信息成本、融资成本、物流成本等都很高，直接降低了经济效益。

二、调结构的重点在供给侧

目前我国经济结构的失衡，聚焦到一点就是供需错位，即供给侧难以适应需求侧的变化。通常而言，投资、消费、出口被认为是拉动经济发展的三大需求，而传统宏观经济学认为有效需求总是不足的，一方面消费者边际消费倾向递减会导致消费需求不足，另一方面资本边际效率递减和流动性偏好会导致投资需求不足，由此会形成生产过剩危机，并且导致高失业率。这一理论引申出的政策含义就是需求侧管理，即针对短期经济波动问题，采用货币政策、财政政策等宏观政策手段来提高总需求，使实际产出达到潜在产出，以实现经济总量平衡。与需求侧相对，供给侧是指劳动力、土地、资本、技术等生产要素方面，而供给侧管理强调的则是通过生产要素的有效供给和利用来提高生产能力，进而促进经济增长。

在我国以往的经济发展实践中，当遇到经济增长放缓、库存积压严重等问题时，往往通过增加政府投资、增加银行信贷等办法来刺激总需求。但在当前，面对供需错位的矛盾格局，就需要在适度扩大总需求的同时，加快推进供给侧结构性改革，用改革的办法矫正供需结构错配和要素配置扭曲，以减少无效供给和低端供给，扩大有效供给和中高端供给，促进要素流动和优化配置，实现更高水平的供需平衡。之所以得出这样的判断，主要基于以下几方面的原因：

（一）需求侧管理的政策边际效应递减

2008 年国际金融危机爆发后，为了提振经济，我国采取了一系列需求管理政策，如积极的财政政策和稳健的货币政策，再从稳健的货币政策到适度扩张的货币政策。2009 年政府推出了 4 万亿元投资计划，经济增速一度从 2009 年一季度的 6.5％快速上升到 2010 年一季度的 12.1％。但此后，需求管理政策的边际效应在递减，虽然政府连续多次采取了降准降息、增加财政支出、支持融资平台建设等稳增长的政策“组合拳”，但GDP增速一直处于震荡下行之中，到2015年四季度达到6.8%，2015年为6.9%。

从投资来看，投资一直是我国经济增长的主要动力，但随着投资占GDP比重提高，投资效率下降，投资的动力也在减弱。据国家行政学院经济形势分析小组2014年的研究报告，以创造1元GDP为参照，2000年需投资0.33元人民币，2008年需要投资0.55元，到2013年需要投资0.78元，2014年则需要0.83元。2003—2012年，我国投资年均增长20.29%，而2013年下降到20%以下，2014年降至14.7%。国家统计局的数据显示，2015年前三季度企业投资增长率为10.3%，与以往比连续14个月下滑；企业新开工项目仅增2.9%。从消费来看，由于消费拉动经济增长的内生机制缺乏，消费增长乏力的问题依然十分突出。2014年国家统计局公布的数据显示，1—7月消费同比增速一直处在12%上下，5月虽有所反弹，但到二三季度之交，消费增速又接连下滑。从货币政策来看，其实2012年以来货币供应量一直保持了较快的增速，M2增长速度远远超过同期GDP增速与物价水平之和，但即便如此，经济发展仍在延续下行趋势。由此可见，如果继续实施以扩大投资与消费为主导的需求管理政策，已经很难再达到预期的效果。

（二）需求侧管理的副作用凸显

经济发展实践表明，需求侧管理虽然有利于在短期内拉动经济增长，但容易留下后遗症。在经过30多年高速增长之后，现阶段我国经济面临很多新的矛盾和问题，一方面生产成本在不断上升，人口红利逐渐消失，老龄化趋势明显，劳动力、土地、能源等要素价格上涨，生态资源和环境承载能力已经达到或接近上限；而与此同时，产业结构雷同、产业升级缓慢、过剩产能累积，企业效益下降、资产价格泡沫增大、地方债务压力加大，等等。总之经济结构性矛盾突出，大量无效供给占用了有效供给的资源，供给结构与需求结构不相适应。

事实上，需求管理的主要手段是政府投资和释放流动性，属于短期刺激政策，旨在熨平经济周期性波动。而目前，中国经济的主要问题是结构性的而非周期性的，换句话说主要不是总需求的问题，因此针对结构性问题，不能用持续采用需求管理政策去应对，而要采取供给侧结构性改革去化解，通过供给侧改革充分激发市场主体的内在活力，让资源更多地流向有需求、效益高的产业和经济形态。相反，如果不能有效解决供给失灵的问题，单纯扩大内需政策反而会加剧长期的结构调整难度。

（三）有效需求需要与之匹配的供给能力

需求侧管理的落脚点是扩大国内有效需求，无论是积极的财政政策还是宽松的货币政策，都是为增加政府和企业的投资需求，刺激企业和个人的消费需求。但要明确的是，企业和个人有效需求的扩大最终要求供给能力与之匹配。以消费需求为例，即使消费需求在不断升级，但由于供给结构不能适应消费需求的结构性变化，一方面存在着大量的低水平过剩产能，而另一方面产品创新能力又很欠缺，高附加值的升级产品少，产销不对路，结果也会导致现实消费所需要的产品和服务无法获得，消费需求就被严重抑制了。

当前，这种供给对需求的制约还突出表现在公共产品供给上。国际经验表明，人均 GDP 在 3000～10000 美元阶段，政府提供公共产品与服务支出占政府支出比重会显著上升，这将有效促进居民逐步从耐用品消费向服务消费升级，从而拉动消费快速增长。可在我国，近年来政府公共服务持续加大投入，但公共产品和服务供给总体水平仍然偏低。比如包括农田水利、交通网络、城市供水、排污等地下管道建设、环境治理等在内的城乡基础设施类公共产品，供给缺口仍较大，严重抑制居民消费需求。尤其是在农村，水、电、交通、通信等基础设施严重不足，导致农村家电、汽车、网络信息等相关消费需求没能完全释放，严重抑制了农村居民的消费需求。

总而言之，供给侧改革是我国经济进入新常态的必然要求。但要注意的是，强调供给侧改革并不意味着对需求侧的全盘否定。供给侧改革离不开市场需求的呼应，事实上，供给与需求本身就是经济运行的一体两面，二者缺一不可，并且要对称平衡方可维持国民经济的健康持续发展。因此在强化供给侧结构性改革的同时，需要做好供给侧与需求侧之间的平衡与协调，使之合理匹配。

三、供给侧改革的近期举措与长期目标

2015 年 11 月 10 日，中央召开财经领导小组第十一次会议，习近平总书记在会上对供给侧结构性改革进行了系统阐释。他指出，“在适度扩大总需求的同时，着力加强供给侧结构性改革，着力提高供给体系质量和效率，增强经济持续增长动力，推动我国社会生产力水平实现整体跃升”。同时，中央部署了供给侧结构性改革的重点工作是“三去一降一补”，即

去产能、去库存、去杠杆、降成本、补短板，这就明确了近期供给侧改革的五大抓手。

（一）去产能

去产能就是从供给侧做减法。长期以来，过剩产能挤占了经济社会资源，挤压了新兴产业的生存空间。过去一段时期，产能过剩更多地表现在传统行业，如钢材、水泥、电解铝、平板玻璃等。钢铁行业产能过剩尤为突出，钢铁产能利用率不到70%，低于全球公认的合理范围。统计数据显示，2012 年钢铁行业累计亏损企业 23 家，亏损额达 289.2 亿元，亏损面为28.6%；到 2015 年钢铁行业几乎全面亏损，钢铁工业协会会员企业亏损总额为 645.34 亿元，亏损面高达 50.5%，钢铁主业亏损高达 1000 亿元。再如水泥产业，根据国际经验数据，设备利用率的正常值在 79%～83%，即富余度在 20%左右是合理的。可中国水泥协会数据显示，2012 年我国水泥熟料实际产能富裕 37.6%，实际水泥产能富裕 32.3%，已超出 20%的合理范围。截至目前，在建水泥生产线 418 条，产能 6.2 亿吨，另外还有已核准尚未开工的生产线 147 条，产能 2.1 亿吨。这些产能全部建成后，水泥产能将达到 27 亿吨，而市场需求仅为 16 亿吨，产能将持续严重过剩。

不仅如此，近年来一些新兴产业也出现了产能过剩，如光伏产业、生物制药、多晶硅等。数据显示，2013 年上半年以来，国内光伏业产能达 40GW，实际出货量仅 11.5GW；据不完全统计，全国有 28 个省市把光伏产业作为主导产业，有超过 280 个地级市或者工业园区提出了打造千亿元新能源或者光伏产业基地的概念。在生物制药产业，低端药物产能过剩现象尤为突出，如我国的疫苗生产，一半以上产品是用于预防脊髓灰质炎、麻疹等常见病。而多晶硅产能在2007—2011年的5年间经历了爆发性增长，从0.45万吨/年增至14.6万吨/年，年均增长率达139%，目前产能仍维持一定的增速。

产能过剩直接导致了工业增加值增速减缓，产品价格下跌和企业利润下降。统计数据显示，2015年1—11月，我国规模以上工业增加值增速6.1%，与上年同期相比下降了2.2个百分点，为“十二五”以来最低；反映工业品出厂价格的PPI指数连续45个月下降；规模以上工业企业实现利润总额55386.8亿元，同比下降1.9%，已是连续6个月下滑，其中产能过剩行业利润下降明显，不少企业经营陷入困境。与此同时，落后产能造成了巨大的资源浪费。仍以钢铁行业为例，据不完全统计，我国钢铁能耗占全国工业总能耗的23%，占全国总能耗的16%，其中有2.5%的资源是消耗在落后产能中，且吨钢消耗的工时比发达国家高出6倍多。

要化解过剩产能，当前关键在于处置好“僵尸企业”。“僵尸企业”是指那些长期亏损、扭亏无望、生产停滞，要靠输血存活的企业。数据显示，目前A股市场上共有266家“僵尸企业”，包括197家以钢铁、有色、造纸、纺织、船舶、石化、化工、机械、水泥、煤炭等为代表的传统制造业公司。这些企业效益不佳，主要依靠银行支持和政府照顾勉强生存，但却消耗了大量的资源，阻碍了结构调整和转型升级的步伐。因此必须想办法使“僵尸企业”从市场上退出，加大企业兼并重组力度，减少无效供给。

中央已经明确，对不符合国家能耗、环保、质量、安全等标准和长期亏损的产能过剩行业企业实行关停并转或剥离重组，对持续亏损3年以上且不符合结构调整方向的企业采取资产重组、产权转让、关闭破产等方式予以“出清”。为此，对生产产品相似、相近、关联度高的产能过剩行业，要加快兼并重组的整合力度，减少重复生产带来的产能过剩；在整合过程中，处理好职工安置，完善下岗分流人员的安置政策，确保下岗职工基本生活保障，加强转岗职工技能培训，给予下岗职工必要的创业支持，确保社会稳定。

（二）去库存

去库存是化解过剩产能的重要途径。目前市场上库存状况普遍不容乐观。据相关统计，2012年我国GDP中存货增加为10372亿元，2013年存货增加为11280.7亿元，增速比2012年提升15.3%，2014年存货增加量继续上升，达12004.7亿元[①]，由此可见去库存的压力之大。在去库存的行业中，房地产去库存无疑是重中之重。

国家统计局发布数据显示，房地产投资在2014年年初急转直下，并持续下滑，截至2015年10月，房地产投资的同比增速已经创历史新低，同比增速仅2%；而与此同时，到2015年10月底全国商品房待售面积68632万平方米，比9月末增加2122万平方米，再创历史新高。从销售情况看，2015年1—10月商品房累计销售面积和销售额同比分别增长7.2%和14.9%，涨幅较前9月分别降低0.3%和0.4%；从单月情况看，自7月以来，销售面积同比增速也在不断收窄，9月增速为9.0%，10月增速为5.5%，同比增速均远低于近6个月

① 袁海霞：《宏观经济“去库存”》，《投资北京》2015年第7期。

13.2%的平均增速。与 2013 年 9 月末的数据相比，两年之内全国商品房待售面积增加了 23996 万平方米，上涨了 54%。这表明，近年来房地产库存仍在不断攀升。从房地产库存结构来看，目前一二线城市的库存压力有所缓解，三四线城市库存压力相对更大，因此房地产去库存主要针对的是这些城市。

对房地产如何去库存的问题，目前中央出台了一系列政策措施，其重点是落户去库存，包括按照加快提高户籍人口城镇化率和深化住房制度改革的要求，加快农民工市民化，扩大有效需求，打通供需通道，消化库存，稳定房地产市场；落实户籍制度改革方案，允许农业转移人口等非户籍人口在就业地落户，使他们形成在就业地买房或长期租房的预期和需求；明确深化住房制度改革方向，以满足新市民住房需求为主要出发点，以建立购租并举的住房制度为主要方向，把公租房扩大到非户籍人口。

此外还要发展住房租赁市场，鼓励自然人和各类机构投资者购买库存商品房，成为租赁市场的房源提供者，鼓励发展以住房租赁为主营业务的专业化企业；鼓励房地产开发企业顺应市场规律调整营销策略，适当降低商品住房价格，促进房地产业兼并重组，提高产业集中度；同时取消过时的限制性措施，释放有效需求。

除了房地产有去库存压力，一些传统制造业如汽车、家用电器等同样存在去库存的压力。要化解这些行业的库存压力，除了实施宏观层面的政策，企业还要主动出击，比如加大销售力度，采取多种营销手段来提高产品销售量；同时还应该转变思路，利用互联网、大数据等新技术，生产满足个性化需求的产品与市场对接，从源头上做到去库存。

（三）去杠杆

去杠杆是防范系统性金融风险之举。在经济领域，“杠杆”是一种以小博大的机制，是指可以通过借债，以较小的投入撬动大量资金、扩大经营规模。例如个人融资融券、企业向银行借贷、政府发行地方债等，都是“加杠杆”的行为。实践表明，适度的杠杆率有利于优化资本结构和提高利润，对经济有益，但如果杠杆率过高，债务增速过快，反而会拖累经济发展，尤其是在经济下行周期内，可能会导致债务危机乃至金融危机。目前，我国金融杠杆率呈现快速增长态势，面临巨大的风险。

从金融机构来看，银监会公布的数据显示，截至 2015 年 9 月末，商业银行不良贷款率上升至 1.59%，不良贷款拨备覆盖率从 2014 年年初的 273.66%逐季度降至 190.79%。与此同时，企业杠杆加大，2000—2014 年，国有企业债务增长非常迅速，年均增长 3.9 万亿元；特别是 2008 年金融危机之后，非金融企业加杠杆趋势非常明显，企业负债占 GDP 比重从 2007 年的 195%上升到 2014 年的 317%，上升 122 个百分点。① 此外地方政府还面临巨大的还债压力。2000—2014 年，地方政府债务年均增长 1.9 万亿元，2014 年年末全国地方政府债务率约为 86%；截至 2016 年 1 月底，从 25 个省份公布的 2015 年地方债限额来看，绝大部分省份的债务余额还在不断上升。总体来看，2008—2014 年，金融部门债务总额占

① 李扬、张晓晶：《中国国家资产负债表的杠杆调整与风险管理》，《上海证券报》2015 年 8 月 21 日。

GDP的比重从13.3%提高到18.4%，上升5.1个百分点；非金融企业部门从98%提高到123.1%，上升25.1个百分点；政府部门从40.6%提高到58%，上升17.4个百分点。①

去杠杆可以降低对投资的依赖，最直接的途径是降低负债水平。一方面可以在偿还旧债的同时减少新债发行，由政府或央行承接债务，进行债务减计；另一方面可以进行债转股，将债权转变为股权。同时要积极培育公开透明、健康发展的资本市场，推进股票和债券发行交易制度改革，提高直接融资比重，降低融资杠杆率，防范化解金融风险，加强全方位监管，坚决守住不发生系统性和区域性风险的底线。

（四）降成本

企业是供给的主体，降低企业成本可以增强企业活力，促进企业改善生产经营管理，从而优化供给。当前很多企业反映成本高，日子难过。工业和信息化部中小企业发展促进中心发布的《2015年企业负担调查评价报告》显示，79%的企业反映“人工成本快速攀升”，66%的企业反映“融资成本高”，此外，反映“税费负担重”“招工难”的企业占比分别达到54%和43%。从国家统计局发布的数据来看，规模以上工业企业每百元主营业务收入中的成本，2012年以来一直维持在85元左右的高位，2015年1—11月为85.97元，同期企业利润率仅为5.57%。

降成本需要实施一系列配套政策。首要的是降低制度性交

① 李扬、张晓晶：《中国国家资产负债表的杠杆调整与风险管理》，《上海证券报》2015年8月21日。

易成本。制度性交易成本是由于制度性因素而产生的企业成本，如审批环节过多、检查评比过滥等带给企业的成本。降低制度性交易成本应通过简政放权、结构性减税、放松管制等改革，优化政府管理，提高政府管理的效率，同时激发市场主体的积极性和创造性，激发创业热情。税费是企业另一项主要成本。其中，制造业增值税税率达 17%，一般企业所得税税率为 25%，加上各种收费，企业的综合税费负担较重。为此需要正税清费，把有税收性质的收费基金项目并入相应税种，适当降低税率；同时清除不必要的收费，取消政府提供公共服务或体现一般性管理职能的收费项目。

此外还要降低社会保险费。目前绝大部分企业“五险一金”的缴纳比例都占工资总额的 44%左右，要降低企业成本，就需要适当降低社会保险费，既能够确保职工福利，也有利于企业持续发展。长期以来，财务成本过高也是我国企业尤其是小微企业发展面临的一大难题，对此要深化金融体制改革，强化市场竞争，形成市场决定利率的机制，这样才能为实体经济提供质优价廉的融资服务。从 2016 年 1 月 1 日起，降低电力价格已经拉开了序幕，要注意的是，电力价格调整涉及各大行业，尤其是产能严重过剩行业，在调整过程中应区别对待，以倒逼耗能高、污染大、产能过剩的行业转型升级。对较高的物流成本，要通过深化流通体制改革，简化运输系统、优化运输路线、开展配载和集中运输等方式来降低。

（五）补短板

补短板就是增加有效供给。经济学有个“木桶原理”，讲的是木桶的盛水量是由最短的那块木板决定的，要提高木桶容量，就必须补齐短板。在产能过剩的大背景下，要促进经济提质增效，就需要补短板，找到了短板，也就找到了经济发展的突破点。但问题在于，哪些是短板？

事实上，短板都是相对而言的，从不同的领域、不同的角度看短板也有所不同。从不同收入群体来看，农村贫困人口是短板。为此要打好脱贫攻坚战，实施精准扶贫、精准脱贫，提高扶贫的实效。按照中央的思路，到 2020 年，将通过产业扶持解决 3000 万人脱贫；通过转移就业解决 1000 万人脱贫；通过易地搬迁解决 1000 万人脱贫，总计 5000 万人左右。还有 2000 多万完全或部分丧失劳动能力的贫困人口，可以全部纳入低保覆盖范围，实现社保政策兜底脱贫。中国国际扶贫中心的测算显示，今后 5 年，我国要易地扶贫搬迁 1000 万贫困人口，按照每户 20 万元的投资规模核算，大概能拉动 6000 亿元有效投资。扶贫开发增加贫困农民收入，在一定程度上也能有效促进消费。同时贫困地区通过因地制宜大力发展生态旅游、绿色农产品等产业，可以增加有效供给；通过充分利用丰富的土地、劳动力等优势资源，可以承接无污染的、劳动密集型产业转移，拉动经济增长。

从产业来看，农业是短板，农业基础设施尤其需要加强。长期来看，抓好农业生产面临可持续发展和提高综合生产能力两大挑战，一方面要把资金和政策重点用在保护和提高农业综合生产能力以及农产品质量、效益上；另一方面要加强农田水利等农业现代化基础建设，提升农业科技水平。除此之外，新兴产业也是短板。当前消费需求高端化趋势明显，如智能化产品需求旺盛，但高精尖产品的供应还跟不上，应支持企业进行技术改造和设备更新，推进智能制造，加快技术、产品和业态的创新。

而在公共产品领域，教育和医疗是短板。当前特别需要加大对农村地区、中西部地区、薄弱学校的教育投入，增加优质教育资源供给，实现城乡之间、地区之间、学校之间教育均衡发展；应积极支持各类办学主体通过独资、合资、合作等形式兴办民办教育，吸引更多资源向教育汇聚。在医疗方面，目前我国社会医疗保险覆盖范围还比较狭窄，医疗卫生体制改革与医疗保险制度改革不配套，下一步应深化医药卫生体制改革，实行医疗、医保、医药联动，推进医药分开，实行分级诊疗，建立覆盖城乡的基本医疗卫生制度和现代医院管理制度。

以上五个方面是供给侧改革的近期举措，其实从长远来看，这五项任务都可以归入“调结构”的范畴。供给侧改革是供需结构再平衡的内在要求，说到底就是要通过结构调整优化供给侧的体制机制，使生产要素实现优化配置，最终提升经济增长的质量和效率，实现更高水平的供需平衡。从这个角度而言，供给侧改革的长远目标就是要建立健全适应市场需求变化的供给体系。

第六章　调结构要以市场为导向

关于结构调整，大家普遍认为要实现产业结构从中低端向中高端转变，关键是要大力发展第三产业，提高服务业的比重。从实践来看，不少地方政府在调结构时也搞“一刀切”，提出做大做强服务业，要在本地区实现第三产业增加值超过第二产业增加值。调结构是否就意味着主要发展第三产业？产业结构到底由谁来调？何为调结构的机制？围绕这些问题本章将进行分析探讨。

一、我国地区调结构的实践与启示

结构失衡使高投入高消耗的发展方式难以为继，产业转型升级迫在眉睫。围绕产业结构调整，国内不少地区进行了积极探索，采取各种措施加快结构调整。通过调研我们发现，实践中调结构的方式大致可以分为两类。

第一，政府主导调结构。

从各地来看，政府作为调结构的主体，通常从两个方面对地区产业结构进行调整。一是通过实施产业政策，扶持某些特定产业的发展。以汽车产业为例，为鼓励汽车产业发展，2009

年3月国务院公布《汽车产业调整振兴规划》，提出了11项产业扶持政策，包括减征乘用车购置税、清理取消限购汽车的不合理规定等。地方政府在具体落实产业政策时，从土地、税收、财政补贴等各方面提供支持，对汽车产业的资源配置加以引导。比如河北省在汽车产业"十二五"规划中提出，对汽车建设项目给予用地指标、环保审批、设备减免税方面的优先安排。江苏把发展汽车及零部件工业作为"十二五"期间招商引资的重点，提出财政投入要优先支持汽车产业领域内整车项目、关键零部件总成项目建设。湖北省也提出，要整合各项支持汽车产业发展的专项资金，加大对汽车模具、汽车铸锻件基础产品和基础工艺的扶持力度。湖南省株洲市则规定，对底盘、发动机、车身等核心零部件投资项目，可以采取国有土地作价入股的方式，降低用地门槛，快速提供用地。

但是这种调结构的模式往往导致各地同类产业发展一哄而起，形成行业产能过剩。从近几年发布的数据来看，我国汽车行业重复建设严重，一直处于供过于求的状态。据统计，2012年中国乘用车整体产能已达2306万辆，产能利用率为66.39%；2013年中国汽车产能为2914万辆，其中自主品牌产能利用率只有65%，已低于70%的安全线；2014年年末国内汽车产能达到2586.56万辆，产能利用率为76.34%。[①] 2015年上半年汽车行业协会发布的最新数据显示，全国汽车总体产能为4000万辆，产能利用率不到80%；自主品牌的产能利用率更不乐观，抽样调查的19家自主品牌中，15家企业

① 梁文艳：《汽车业上演"死亡竞速"，产能扩张隐忧初现》，《中国产经新闻》2015年3月18日。

产能利用率都低于 50%。其实不止汽车，一些地区的战略性新兴产业也遭遇了类似的发展困境。比如光伏、风能等新能源领域，在地方政府的各种政策鼓励下，一度造成投资过热与产能过剩。

除支持特定产业发展外，目前很多地区在调结构时都提出要大力发展第三产业。调研发现，在地方政府 2015 年工作报告中，很多省市都设定了服务业发展目标。比如在东部沿海地区，福建省提出“促进服务业大发展，推动服务业发展提速、水平提升”；江苏省提出“加快发展现代服务业”，“服务业增加值占地区生产总值的比重提高 1 个百分点”。中部省市中，如河南省提出“加快高成长服务业大省建设”；湖北省提出“促进服务业迎头赶上，使发展比重有较大幅度提升”；安徽省合肥市提出“大力发展现代服务业，着力打造国家级高技术服务业基地”。而在西部地区，四川省提出“加快服务业改革发展，支持打造一批‘千亿级’‘百亿级’服务业集聚区”；甘肃省金昌市提出“推动第三产业提质增效，促进第三产业发展提速、比重提高、质量提升”；陕西省宝鸡市也提出“全力突破服务业，扩大第三产业规模”。

不可否认，服务业的发展是一个国家或地区经济现代化的重要标志，但要以工业化为基础，如果脱离工业发展实际片面发展服务业，就很容易造成“产业空心化”。据统计，目前我国第三产业的人均劳动生产率还不到第二产业的 70%，如果大量劳动力进入劳动生产率较低的服务业，反而会导致整体生产水平的下降。从现实来看，不少地区盲目发展服务业尤其是金融业，在“十二五”规划中，金融中心城市遍地开花，据不完全统计，有 30 多个城市正在争相建设全球、全国乃至地区的金融中心。这样一来，支持实体经济的能源、土地、人才等要素发生大规模转移，实体经济效益下降而虚拟经济规模超过实体经济所能承担的程度，导致实体经济虚脱。

另外就是采用行政关停等方式，对落后产能进行淘汰。比如近年来山西省将电石、铁合金、钢铁、有色金属等列入淘汰关停计划，对这些行业的企业实行“五停”“三不”，即采取“停电、停水、停气、停运、停贷”等强制措施，对不按期淘汰的企业或设备依法吊销排污许可证、生产许可证、安全生产许可证；同时投资管理部门不予审批和核准新项目，国土资源管理部门不予批准新增用地，环保部门不予审批建设项目环境影响评价。通过这些行政手段和措施，山西省在一定程度上遏制了落后产能的蔓延，但同时也遗留了不少问题，如地方GDP下降、财政收入减少、工人下岗失业、社会不稳定因素增多等。

又如湖南省株洲市，为了对湘江流域的冶炼、化工产业进行改造升级，近几年株洲市政府关停了清水塘老工业区的100多家企业。该工业区发展60多年来累计上缴国家利税480多亿元，区内有多家知名大企业，如中成化工集团是全球最大的保险粉生产基地，五矿株冶是全国最大的铅锌生产基地，中盐株化和柳化桂成分别是全省最大的化学原料、氮肥生产厂家。据统计，2014年关停的企业与淘汰的落后生产线影响产值达100亿元以上，2015年影响产值35亿元左右。在整个关停过程中，株洲市政府除了投入大量的财政资金，还面临一系列问题需要解决，比如被淘汰的企业设备怎么处置，大量的下岗工人如何安置，债权债务如何处理等。

2016年3月，山东省临沂市为治理污染，对环保不达标的企业进行了强制关停，近 400 家企业被要求限期整改，关闭的 57 家企业都是当地的大型企业，其中接近 10 家是纳税百强或是百强关联企业。当地一位副县长算过一笔账，“57 家停产企业加上 400 多家限期整改的企业，税收总量占到全市工业税收的 40%，2014 年全市的财政工业税收 260 亿元，40%就是 100 亿元左右。以 400 多家企业平均投入 2000 万元环保设备资金，年底要 17%增值税抵扣共为 17 亿元，对地方财政影响太大了。”据统计，此次关停共造成 6 万多人直接失业，停产波及人群至少在 15 万左右。一部分按要求新增环保设施的企业，因为没有环评手续无法复产，资金链断裂。当地银监部门统计，全市 3000 亿元贷款中，共有 1000 多亿元资金与停产企业互有关联，出现违约后，整个城市几年内都很难获得新增贷款。不仅如此，随着失业人口增多，临沂市当地盗抢案件增多，犯罪率出现上升迹象，当地警方介绍，“每天十好几起被抢劫的报案”。

第二，企业主导、政府引导调结构。面对结构调整与市场竞争压力，一些企业主动进行技术改造和管理创新，而政府只在其中加以引导，既营造环境又做好服务。比如广州市增城区，近几年一些传统产业普遍遇到用工荒、用工贵问题，2015 年以来招工率只有 60%左右，生产成本尤其是人工成本上升成为制约企业发展的首要问题。在这种情况下，不少企业主动进行技术升级，引入机械手代替人工。在一家做零部件企业的浇筑车间，端铝水、取出铸件等工序全部由机械手完成，取代了之前的 20 多名工人；在自动焊接机的操作平台，4 个焊接手臂快速旋转，短短几秒内就完成一轮加工，一次性替代了 4 名焊工；有的企业还投入数量较大的机械手、机器人，打造

“无人工厂”。据有的企业家介绍，实现“机器换人”后，公司的产能提升了约 50%，生产员工同比减少约 10%，不仅大幅度提高了生产效率，还降低了管理成本。

在企业实现技术升级过程中，增城区政府主要发挥指导与引导作用，围绕企业推进智能制造做好各种服务。一方面，政府有关部门经常走访企业，有意识地引导企业向智能制造转型；同时还挑选组织一批重点企业的负责人“走出去”，到北京大学等一些高等院校进行有关智能制造、技术改造的培训，并在区内分批次组织企业家培训。另一方面，政府加大了财政投入，提供相关资金配套。针对企业技术改造，广东省政府投入 70 亿元，广州市政府投入 30 亿元，增城区政府则通过科技基金进行配套支持。据统计，区内平均每家技改企业都能拿到 300 万元的财政资金。

在资源短缺和环境污染约束下，一些企业通过研制清洁能源实现技术转型升级。比如广东丰乐集团，原本是一家大宗产品贸易企业，从 2013 年开始向产品贸易与提供节能减排系统解决方案并行转型。企业通过与中科院、广州能源所合作，加强能源燃烧技术创新改造，以农作物秸秆、林木废弃物、食用菌渣等生物质体为原料，高温分解产生一种可燃性气体来替代煤、电、天然气等能源，成功推出生物质燃气供热站项目。为促进清洁能源的推广与利用，增城区政府与该企业共同举办高污染锅炉改用生物质气新技术推介会，积极推动企业间横向联合。

在西部地区，重庆作为一个老工业城市有大量的传统工业企业，近几年这些企业面临的最突出问题就是转型升级。很多企业在“不转型死路一条”的压力下，主动进行技术改造和管理创新。例如重庆四联光电，以前是一家主营自动化仪器仪表的传统企业，由于创新能力停滞不前，少有核心产品和新产品推向市场，销售收入一路下滑，企业一度举步维艰。集团负责人说，“我们充分认识了技术引进消化吸收不充分、自主研发能力不够带来的经验和教训”。于是企业开始技术升级，通过购买美国霍尼韦尔公司位于加拿大的蓝宝石业务，一举抢占前沿技术，跻身蓝宝石及其晶片产业链高端。再比如重庆长安汽车，每年拿出销售收入的5%以上投入研发，不断开发新技术新产品，不断占领新市场，目前已成为国内汽车自主研发第一品牌。还有包括长江造型在内的大量民营传统行业企业，通过应用新技术、新材料、新工艺、新装备等实现转型升级，占据了同行业的制高点。

为鼓励企业创新，重庆市政府加强对中小企业科技创新公共服务平台建设，针对中小企业的共性需求，提供信息咨询、投资融资、科技应用、管理提升、市场开拓五大类服务。围绕企业技术改造，重庆市还重点打造科技金融公共服务平台，以北部新区为例，该区打造的科技金融公共服务平台目前已成立4支规模达19.5亿元的科技风投基金，设立了10亿元政府性科技创新专项基金，并通过“互联网+金融”模式，建立中小微企业征信系统，为科技创新型企业提供便利的融资服务。

综合地方调结构的实践，我们可以得到以下两点启示：

（一）调结构不能陷入理论认识误区

关于结构调整，大家普遍认为“配第—克拉克定理”是结构调整的通则。根据该定理，产业结构演进的基本规律是从第一产业转向第二产业，再向第三产业转移。[1] 于是很多人以为，产业结构调整就是要大力发展第三产业，提高服务业比重。但事实上，“配第—克拉克定理”只是一种规律性认识，反映的是特定时期产业结构变化的一般趋势，一方面要受到经济发展阶段的约束，即只适用于工业化中期以前，工业化后期并不成立，比如今天欧美国家制造业强势回归就是例证；另一方面又要受到分工范围的约束，即分工在多大的范围进行，该定律就适用于多大的范围。

同时要注意的是，这种趋势是市场经济条件下产业发展演进的自然结果，并不意味着调结构就是片面追求第三产业比重。经济实践表明，三次产业的发展有其自身的规律，特别是第三产业的发展要以工业的发展为基础，如果脱离工业发展实际片面追求第三产业，很容易造成实体经济虚脱。例如 20 世纪 90 年代，新加坡、韩国、日本等国家由于盲目发展高新技术产业和服务业，制造业工厂大量外迁，导致实体经济下滑，经济增长一度出现萎缩。这表明，结构演进是一个循序渐进的过程，不可人为地将第三产业盲目推高。

除了“配第—克拉克定理”，“筱原两基准”也是指导调结构的重要法则。1957 年日本经济学家筱原三代平提出了规划产业结构的两个基本准则：收入弹性基准和生产率上升率基准。收入弹性基准即以需求收入弹性的高低作为选择战略产业的标准，由于只有收入弹性高的产业才有可能创造更大需求，不断扩大其市场份额，因此这种产业一般代表着结构变动的方向。

---

① Colin. M A Clark. The Conditions of Economic Progress. London: Macmillan & Co. Ltd, 1940, pp. 28—31.

生产率上升率基准则是指在价格结构一定的条件下，技术进步快、生产率上升率高的产业由于成本不断降低，能够创造更多的国民收入，因而可以吸引资源向该产业流动，加快国民收入增长速度。可以看出，“筱原两基准”体现的是市场需求对支柱产业发展的重要作用，反映了市场主体在需求导向下，进行产业选择的一般规则。这实质上表明，按照“筱原两基准”来调结构只能是企业的自主行为，而不能由政府行政主导。

（二）与政府主导调结构相比，企业主导调结构更有效

从实践来看，政府通过实施产业政策来调结构往往容易造成产能过剩，进一步加剧结构失衡；通过行政手段强制关停淘汰落后产能虽然效果立竿见影，但只是权宜之计，交易成本太高。而企业作为市场的微观基础，对市场冷暖自知，投资什么产业、上什么项目、研发什么产品，企业的感知最直接最准确，掌握的信息最充分也最有发言权。即使某个企业因为产能过剩、没有销售利润而亏损，最后倒闭也是天经地义的，这是市场选择的结果。因此在市场经济条件下，调结构的主体应该是企业而非政府。当然，以企业为主导调结构并不意味着政府可以袖手旁观，相反，政府应该更好地发挥自身职能，比如通过加强引导、提供公共服务等帮助企业搞研发创新，促进产业结构转型升级。

二、以市场为导向的结构调整路径

既然企业是调结构的主体，那么结构调整就应充分尊重市

场规律，以市场机制为主、行政力量为辅，让市场在结构调整中发挥决定性作用。具体来说，以市场为基础进行结构调整主要包含以下几层含义：

（一）立足比较优势确定地区产业定位

产业结构是以产业分工为基础的。对分工，经济学有一个基本原则——绝对优势[①]。所谓绝对优势，是指与别人相比人无我有、人有我强的优势。后来绝对优势被进一步拓展为比较优势[②]，即当各方面都不如别人时，自己跟自己比所具有的优势。对一个地区经济发展而言，只有按照绝对优势或比较优势进行分工生产，才能实现效益最大化。在现实中，绝对优势或比较优势最终归结为一个地区的资源禀赋，换句话说，一个地区的要素禀赋是本地区产业定位的基础，也是产业结构调整的基本依据。

从国内一些地区经济发展实践看，违背资源禀赋的产业定位与结构调整，往往容易陷入发展困境，造成结构失衡。在我国西部一些省区，农业资源丰富，农牧业经济成为当地的比较优势，可不少城市都竞相发展工业和服务业。以西北五省（区）为例，陕西、甘肃、青海、宁夏和新疆的产业结构基本相同，都是以原材料开采和加工业为主，并且初级加工所占的比重均为最大，产品重叠度极高，地区间形成了低水平竞争。还有一些地区，本没有铁矿石却大肆发展钢铁产业，没有多晶

① 〔英〕亚当·斯密著，郭大力、王亚南译：《国富论》，上海三联书店 2009 年版，第 9—11 页。

② 〔英〕大卫·李嘉图著，周洁译：《政治经济学及赋税原理》，华夏出版社 2005 年版，第 136—137 页。

硅而盲目发展光伏太阳能产业，结果本地区的资源优势没能转化成产业优势，不仅这些产业自身缺乏市场竞争力，还严重挤占其他产业的资源，严重影响到地区经济的平衡稳定。由此可见，产业结构调整的方向不在于发展以“高精尖”为特征的产业形态，也不在于盲目追求发展第三产业，而在于形成符合要素禀赋结构的产业结构，这样才能形成可持续发展的产业竞争力。

（二）让市场定价引导资源配置与结构调整

在市场经济条件下，价格是风向标，如果某种商品涨价，一定是该商品供不应求，反之则是供过于求。除作为市场信号，价格更重要的作用还在于引导资源配置，当某种商品的价格上升，就会刺激市场供给，价格下降则会抑制供给。举例来说，比如近期实木家具价格上涨，这表明消费者对实木家具的需求增加而供应短缺。在价格变化指引下，如果家具生产企业扩大生产，增加产量，同时也会吸引新的投资到家具行业。相反，如果实木家具价格下跌则表明生产过剩，供大于求，于是家具企业就会压缩产量，甚至有的企业可能因为利润太低而转行。很显然，价格引导资源配置的过程实际上就是结构调整的过程。只要价格能真实地反映市场供求，价格信号就能推动生产资源按照供求规律自动配置到市场最需要的产品生产和消费上。推而广之，这样整个市场的资源都能实现优化配置，由此形成的结构必然就是合理的结构。

但关键在于，价格要能真实反映供求必须满足一个条件，即价格由市场决定。比如一家自助餐厅，它的初始定价可能很高，人均消费 300 元，可消费者认为它定价过高只愿出 200

元，结果餐厅门可罗雀，于是只好降到250元；而同时消费者发现200元吃不到相同档次的菜肴，也只好认同了250元，这样市场价格就形成了。可见在市场定价的过程中，政府是无须插手的。但如果价格扭曲，无法准确反映市场供求关系，资源配置就会失去正确的信号，配置的结果必然也是不合理的。当前，国内商品价格并不能完全真实地反映供求，某些商品还存在价格管制，特别是对某些农产品与能源产品的价格，政府至今也没放手，有些甚至还是直接定价。这样看来，调结构的关键就是调价格，让价格回归市场原位。

政府要放开价格，就应该把凡是能由市场形成价格的都交给市场。比如在一般竞争性领域，商品与服务均应由市场形成价格。同时政府还应进一步推动要素价格的市场化改革，完善工业用地、农村集体用地的价格形成机制；对水、电、石油、天然气等资源要素领域，应放开竞争性环节的价格。而在一些特殊的领域，如国家安全领域、自然垄断领域以及公共交通、基本医疗、社会保障等公共产品和公共服务领域，市场机制是失灵的，价格无法由市场形成，就需要通过政府定价来配置资源。

除此之外，政府还要在维护竞争、限制垄断等方面更好地发挥作用，以保证生产要素能够自由流动。如果要素市场被固化，资本、劳动力、生产资料等不能在行业间流动，资源也难以实现合理配置，那样市场的决定作用实际上就被架空了。为此，政府要进一步清理涉及地区封锁、行业垄断的政策规定和不当行为，建设法治化营商环境。例如，对实行地方保护的财政补贴和各类优惠政策，对限制外地企业参与招投标的规定、违反国家税收法规的区域性税收优惠政策等进行清理；对采取不平等待遇限制或者排斥外地企业投资办厂的行为，以及限定单位或个人只能经营、购买、使用本地生产的产品及服务等行为要进行整治；对符合法律法规要求的外地企业和外地产品进入本地市场不设立各种限制措施和壁垒，让市场主体“法无禁止即可为”。同时政府还应完善产权保护制度，保护好国家、企业和个人拥有的财产和知识产权，建立更加公平合理的市场规则，加强市场监管，维护好市场秩序。只有这样，才能充分调动企业的积极性和创造力，让市场充满活力。

（三）建立全国统一的碳排放权交易市场

实践表明，淘汰高能耗高污染产业不能靠政府行政手段一关了之，同样要通过市场机制来解决。从全世界范围看，促进节能减排最有效的市场手段就是碳排放权交易，目前欧盟和美国已经形成了比较成熟的碳排放权交易市场体系，而我国还在试点中。从 1987 年起，我国在 10 多个城市陆续开始试点排污权交易，向企业免费分配排放配额，并允许配额进入市场参与交易。2011 年，国家发改委批准北京、上海、天津、重庆、湖北、广东和深圳七省市开展碳交易试点工作，纳入 7 个试点碳交易平台的排放企业和单位共有 1900 多家，分配的碳排放配额总量合计约 12 亿吨。发改委的统计数据显示，截至 2014 年 10 月，全国共完成交易 1375 万吨二氧化碳，累计成交金额突破了 5 亿元人民币。但从试点的情况看，要建立全国统一的碳交易市场依然任重道远。

目前各试点地区在政策、技术上相互独立，在如何确定配额总量等方面也存在较大差异。北京、上海、广东等地偏向于由政府控制交易市场，而湖北则趋向于完全让市场主导，主要通过二级市场形成价格去激励企业减排创收。整体来看，碳排放权市场交易的活跃度也比较低。截至2014年年底，交易额最小的重庆仅为446万元，除湖北、深圳外，其他几个试点交易额不足亿元；北上广的交易日比例均低于50%，重庆交易日比例仅为0.68%。

综合这些问题我们发现，目前关于碳排放权交易的制度安排有一个重大缺陷，那就是忽视了居民的环境权益。事实上，环境资源是典型的公共品，因此环境资源产权作为一种特殊的产权，其产权主体应该属于全体公民。世界经济合作与发展组织于1972年提出了一个基本原则，即“污染者付费原则”，这成为制定环境政策的一条基本准则。依据这一原则，居民有不被污染的权利，一旦遭受污染就应获得赔偿，污染企业必须为此付出代价。可从目前碳排放权分配来看，居民并不拥有碳排放权，更谈不上参与碳排放权的市场交易。因此有必要对现行碳排放权的界定与交易制度加以改进。

一方面，应明确居民拥有部分碳排放权。结合已有的做法，政府环境主管部门可考虑以一年为周期，对当地的环境质量标准、污染排放状况、经济技术水平等进行综合评估，据此确定出该区域的环境容量，即环境可接受的碳排放总量，然后根据一定的比例分配给各排污企业，剩下的部分则可以根据当地居民数，按人头平均进行分配，保证每个居民都能平等地获得相同份额的碳排放权。至于碳排放权在企业与居民之间如何分配，考虑到我国尚处在工业化中期，这一比例可以适当向企业倾斜，比如7∶3或6∶4，这样既有利于促进企业节能减排，也照顾了企业的成本。随着工业化进程的推进，能源与生态环境约束增强，其分配比例就可以逐步向居民倾斜。

另一方面，应进一步健全碳排放权的交易制度。居民一旦拥有了部分碳排放权，自然也就应该成为碳排放权交易的主体。这样一来，碳排放权交易就不应只在企业与企业之间进行，而应在企业与企业、企业与居民之间进行。但困难在于，让居民个人参与碳排放权交易，需要购买碳排放权的企业就得与每个居民逐一谈判，其交易费用会很高。为了降低交易成本，一个可行的办法是依托碳排放权交易平台组建碳排放权银行，让居民将分配到的碳排放权存入专门的账户，委托银行统一与企业进行交易，居民则通过碳排放权“存单”获取相应的收益。要注意的是，为推动全国统一的碳排放权交易市场建设，应该建立跨区域的、统一的配额核定方法、核查标准和碳排放银行网点，推动跨区域交易；同时还应鼓励社会资本参与碳排放权交易，探索碳排放权抵押融资，开发碳排放权期权等。

由此可见，建立碳排放权交易市场体系其实是通过市场机制强化竞争，那些污染程度严重、购买碳排放权价格较高的企业就会增加生产成本，这样可以倒逼企业通过技术创新、改用低碳能源等途径，淘汰落后产能，实现自身转型升级。与此同时，政府也应在淘汰落后产能方面进一步发挥好调控职能，比如修订高耗能、高污染和资源性行业的准入条件，建立以节能环保标准促进行业落后产能退出的机制，对已有的高污染高排放企业进行清理等。

第三篇　创新驱动篇

第七章　创新驱动是个大战略

改革开放30多年来，科技创新为我国经济社会发展做出了重要贡献，但从总体看，我国经济增长主要还是依靠劳动力、资本和资源三大传统要素的投入，是典型的要素和投资驱动的增长模式。经济新常态下，传统的三大要素面临诸多瓶颈约束，难以支撑我国经济社会的持续协调健康发展，要破解这些难题，必须依靠以科技创新为基础的全面创新驱动发展，实施好创新驱动这一大战略。

一、创新决定经济发展的方向

全球进入工业经济时代以来，世界经济经历了与技术革命相伴的五个长波（如表17所示）。从18世纪70年代到1842年，以纺织产业为代表的产业革命时期是第一个长波。从1829年到1897年是蒸汽和铁路时代，世界经济经历了第二个长波。1875年至20世纪前10年，世界经济经历了第三个长波，即钢铁、电力、重工业时代。20世纪20年代至20世纪70年代，世界经济经历了第四个长波，称为石油、汽车和大规模生产的时代。从20世纪80年代至今，信息产业悄然兴起，世界经济由此步入第五个长波——信息时代。最初研究并发现世界经济周期波动的是俄罗斯经济学家康德拉季耶夫(Nikolaou D. Kondratieff)，他最早观察到了世界经济每五六十年就会发生一次周期性波动的现象。

表 17　五次相继出现的技术革命（18 世纪 70 年代到 21 世纪最初 10 年）

技术革命	该时期的通行名称	核心国家	诱发技术革命的大爆炸	年份
第一次	产业革命	英国	阿克莱特在克隆福德设厂	1771
第二次	蒸汽和铁路时代	英国（扩散到欧洲大陆和美国）	蒸汽动力机车“火箭号”在利物浦到曼彻斯特的铁路上试验成功	1829
第三次	钢铁、电力、重工业时代	美国和德国追赶并超越英国	卡内基酸性转炉钢厂在宾夕法尼亚的匹兹堡开工	1875
第四次	石油、汽车和大规模生产的时代	美国（起初与德国竞争世界领导地位），后扩散到欧洲	第一辆 T 型车从密歇根州底特律的福特工厂出产	1908
第五次	信息和远程通信时代	美国（扩散到欧洲和亚洲）	在加利福尼亚的圣克拉拉，英特尔的微处理器宣告问世	1971

数据来源： 转引自卡萝塔·佩雷丝（Carlota Perez）著，田方萌、胡叶青等译：《技术革命与金融资本》，中国人民大学出版社 2007 年版，第 16 页。

创新周期决定了周期内主导产品供给变化，而主导产品的生命周期会改变对主导产品的需求，进而形成不同的技术—经济发展范式（如表18所示）。由于创新周期与周期主导产品生命周期的共同作用，在历史上出现的五个周期里，呈现出一个共同的规律性的现象：每个周期都要经历创新与成本竞争两个不同的发展阶段。整个周期相应的也就可以区分为繁荣期和衰退期，各自长度一般为25—30年。在繁荣期，创新占据主导地位，周期的主导产品供不应求；在衰退期，重要的创新活动衰竭，周期的主导产品供过于求，成本竞争取代技术创新而成为周期衰退阶段的主要特征。

一个完整的影响世界经济增长的产业革命周期，通常总是由上述两个不同的阶段构成，造成这种现象的根本原因在于创新活动是不连续的，特别是能够引起产业革命的创新总是爆发性和间歇性的。由于长周期在客观上存在着两个不同的发展阶段，因而，就会发生两次国际分工的重组：第一次是发生在周期的创新阶段，这时，某个走在创新前列、率先发动产业革命的国家会异军突起，成为新一轮世界经济增长的发动机，而那些仍然在从事过时产品生产的国家则有可能被淘汰出局。第二次是发生在周期的成本竞争阶段，这时，由于创新的频率不断下降，特别是重大的、高级别的创新活动趋于枯竭，世界经济长周期的成本竞争阶段到来了。在长周期的这个阶段，曾经在高频率创新阶段带领世界经济增长的国家由于创新的枯竭与成本的提高，不仅失去了领导世界经济继续增长的能力，而且其本身还会出现增长的危机。相反，某些具有竞争潜质的后进国家则有可能在周期的这个阶段通过低成本的参与周期主导产品的制造而迅速崛起。

表18　历次技术革命对应的不同的技术—经济范式
（18世纪70年代到21世纪最初10年）

技术革命	技术—经济范式“常识”创新原则
第一次 产业革命 英国	工厂生产 机械化 生产率/守时和省时 流体运动（以水力驱动的机器和借助运河与水路的运输为理想例证）
第二次 蒸汽和铁路时代 英国，并扩散到欧洲大陆和美国	整合的经济/工业城市/全国范围的市场 具有全国性网络的动力中心 规模意味着进步 标准零部件/以机器生产机器 随处可得的能源（蒸汽） （各种机器和运输工具的）相互依赖的运动
第三次 钢铁、电力、重工业时代 美国和德国超过英国	巨型结构（钢制） 工厂的规模经济/垂直一体化 可分配的工业动力（电力） 科学成为一种生产力 世界范围的网络和帝国（包括卡特尔） 普遍的标准化 出于控制和效率的目的而建立的成本会计 巨大规模的世界市场/若在当地，“小”的就是成功的
第四次 石油、汽车和大规模生产的时代 美国，后扩散到欧洲	大规模生产/大众市场 规模经济（产量和市场容量）/水平一体化 产品的标准化 （基于石油的）能源密集型 合成材料 职能专业化/等级制金字塔 集权化/大城市中心和郊区化 民族国家的力量，世界范围的协议和对抗

续　表

技术革命	技术—经济范式“常识”创新原则
第五次 信息和远程通信时代 美国，扩散到欧洲和亚洲	信息密集型（建立在微电子技术之上的信息和通信技术） 非集权的一体化/网络结构 知识成为资本/无形的价值附加值 异质性、多样性、适应性 市场细分/职务倍增 与规模经济结合的范围经济和专业化 全球化/市场和局部的互动 内向型与外向型合作/聚合 即时联系与行动/即时全球通信

资料来源：转引自卡萝塔·佩雷丝（Carlota Perez）著，田方萌、胡叶青等译：《技术革命与金融资本》，中国人民大学出版社 2007 年版，第 23 页。

二、创新是推动经济增长的持续动力

在世界范围内，生产力、生产方式、生活方式、经济社会发展格局正在发生深刻变革。目前，新技术革命和新产业革命已初现端倪，一些重要科技领域显现出革命性突破的先兆，知识创新、技术创新和产业创新深度融合，催生了新一代技术群和新产业增长点，全球将进入一个创新密集和新兴产业快速发展的时代。

随着信息技术、互联网技术和物联网技术的深入发展，实体物理世界与虚拟网络世界走向融合，人们通过信息物理融合系统（CPS），将资源、信息、物品和人进行互联，建立高度灵活的个性化和数字化的产品与服务。这种技术的渐进性进步被描述为工业化的第四个阶段，即工业 4.0。在工业 4.0 时代，传统的行业界限或将消失，同时会产生各种新的经济领域和合作方式，创造新价值的方式正在发生改变，产业链分工将被重新整合。

为了保持科技创新的领先地位，世界主要经济体都制订了符合本国国情的新技术创新计划。如德国政府推出了《高技术战略 2020》，力争成为新一代工业生产技术的生产国和主导市场；美国先后提出了《重振美国制造业框架》、《先进制造伙伴计划》和《先进制造业国家战略计划》，通过再工业化、工业互联网等计划，提供“软”服务，用互联网激活传统工业，以此来保持美国制造业在全球范围内的“制造业大脑”地位；日本政府提出“以 3D 造型技术为核心的产品制造革命”，着重发展 3D 造型技术、人工智能和智能化生产线；我国推出《中国制造 2025》，以科技创新为引领，着力提升制造业质量和水平，强调打造新一代信息技术、高端装备、新材料、生物医药等战略产业。目前美国、德国、日本以及中国在新一轮工业革命的浪潮中处于第一梯队，将引领这次工业化的进程。从各国一系列的科技创新计划中我们可以清晰地看到，先进制造、信息技术、生物技术、新材料、新能源以及与互联网、物联网的融合，无疑是未来科技创新的重点和关键。产业与这些新技术、新模式的融合，将催生出新的生产方式、新产业和新业态，从而创造出巨大的经济社会价值。

三、充分发挥企业在创新中的主体作用

在科学技术特别是高新技术已经成为经济发展主导力量的今天，科技创新对经济发展的推动作用，主要是通过企业来实

现，即企业对科技创新成果的吸收和企业自身的技术创新。企业的技术创新力不单纯是企业自身的问题，而是关系到整个国家参与全球化竞争的实力，企业强，则国家强，企业竞争优势决定了国家的竞争优势。知识创新、技术创新只有通过企业，才能真正转化为规模生产，在市场上获取经济效益。只有企业真正主导了整个技术创新链条，技术创新最终取得市场成功的可能性才最大，创新效率才最高，才能真正增强国家经济发展实力。但目前，我国的企业技术创新还面临不少困难和问题。

（一）企业技术创新能力不足

当前我国仍处于要素驱动和投资驱动并重的发展阶段，投资驱动对经济增长的贡献仍高达50%以上，而创新驱动的贡献率尚未超过30%。对外技术依存度在60%以上，部分行业更高，而一般发达国家都在30%以下，美国和日本则更是低于5%。核心技术和关键技术自给率低，占固定资产投资40%左右的设备投资中，有60%以上要靠进口来满足，高技术含量的关键装备基本上依赖进口。重引进、轻消化吸收再创新，造成我国很多企业始终处于跟跑追赶阶段。国内企业花在引进设备消化吸收再创新方面的费用严重不足。如汽车行业的发展策略，在经过了20多年的“市场换技术”后，不仅国外先进技术没有学到，原有的一点技术能力也萎缩了。这种情况在我国许多行业也都存在，正因如此，才导致我国成为“世界加工厂”，企业处于国际产业价值链低端，赚取的仅仅是制造环节的加工和装配的利润等情况。

近年来，我国制造企业500强研发强度一直徘徊在2%，远远低于世界500强平均3%～5%的水平。近三年来还不断下滑，2015年中国企业500强中，制造企业的研发强度平均只有1.1%。我国大部分高技术产业增加值为三资企业所创造。我国高新技术产品出口中加工贸易占70%以上，而技术含量较高的软件和芯片出口比重不到10%。另外一个不可回避的现实是，我国很大一部分高技术产业产值是三资企业创造的。从高技术产品出口的企业分类分布来看，近年来高技术产品出口份额中外商独资企业占到60%左右（如表19所示）。

表19 高技术产品出口按企业类型分布 （单位：%）

企业类型＼年份	2003	2004	2005	2006	2007	2008	2009	2010	2011	2012	2013	2014
国有企业	10.4	8.5	7.4	6.9	7.3	7.4	6.9	6.9	5.8	5.7	5.6	6.1
中外合资企业	21.4	20.6	18.9	17.6	17.0	16.3	15.7	15.7	14.5	16.8	17.4	17.5
外商独资企业	61.9	65.0	67.4	68.6	68.2	67.6	67.5	66.5	67.0	60.7	54.7	56.3
其他	6.3	5.9	6.2	6.8	7.6	8.7	9.9	10.9	11.7	16.9	22.2	20.0

资料来源：科技部：《中国高技术产业统计年鉴2014》，中国统计出版社2015年版；科技部创新发展司：《科技统计报告》，2016年1月14日。

经合组织（OECD）发布的企业研发和创新指数（如表20所示）显示，与部分发达国家相比，我国企业整体创新能力仍存在一定的差距。

在2014年财富世界500强中，我国上榜的100家企业利润总额为3110亿美元，其中入围的11家银行的利润合计为1842亿美元，占比近60%。100家企业的平均利润率为5.1%，除了银行之外，只有1家企业的利润率超过了10%。我国入围企业主要分布在银行、钢铁、汽车、资源、化工等垄断或者半垄断领域，高端技术制造业则较少，科技型、服务型企业只有10家。而美国、日本、韩国等国家的上榜企业基本集中在通信、互联网、现代制造业等高科技领域。《福布斯》杂志公布的2013年全球最具创新力的100强企业中，我国只有2家企业入选。海外营业收入超过30%是一家企业具有国际经营能力的标志，但达到这一水准的中国企业目前只有25家，并且这些企业大多都是以贸易和中间产品为主，缺乏国际化经营的能力。因此，绝大多数中国500强企业的增长，并不是靠技术进步推动的。

表20 经合组织（OECD）企业研发和创新指数（2013）

国家	企业R&D强度指数	500强研发投资指数	三方专利强度指数	商标强度指数
瑞士	145.19	182.35	169.50	200.00
丹麦	140.41	164.93	134.34	113.63
卢森堡	101.74	200.00	100.09	160.30
加拿大	78.48	46.94	102.09	126.55
美国	138.46	115.82	119.84	101.42
德国	133.55	120.20	151.71	105.78
法国	110.93	124.56	124.60	102.08
韩国	170.19	107.16	137.65	65.39
日本	157.49	147.54	200.00	52.69
以色列	200.00	110.68	144.50	115.90
中国	107.82	24.81	16.15	3.79
俄罗斯	56.90	7.40	3.71	−7.52
OECD样本国家中位数	100.00	100.00	100.00	100.00
OECD Top5国家	150.97	147.54	148.20	119.64

资料来源：OECD Statistics，http：//stats.oecd.org/.

（二）企业尚未成为真正的创新主体

创新的最终结果是要实现创新成果的产业化和市场化，在众多的创新主体中企业离市场最近，理应成为最关键和最重要的创新主体。华为、中兴、腾讯等少数知识资本密集型创新企业得到了快速发展，并逐渐成为创新的主体。但正如上面所述，我国绝大部分企业仍不具备创新的国际话语权，仍然处于价值链的最低端。企业在国家创新体系中仍然处于薄弱环节，是创新体系中的短板，具体表现为三个方面：

第一，研发投入低。有研发活动的企业所占比重还不高。2013 年，规模以上工业企业有研发机构的企业数占企业总数的 11.6%，有 R&D 活动的企业占比为 14.8%，企业总体上研发投入强度不高，对外技术依赖度高，消化吸收投入不足（如表 21 所示）。虽然消化吸收经费支出与引进国外技术经费支出之比不断提高，但与日本和韩国在工业化过程中 8∶1 或 5∶1 的消化吸收投入强度相比，还有很大的差距。即使是高技术产业[①]，我国企业整体的研发强度也相对较低（如表 22 所示）。

第二，缺乏基础性应用研究。一般而言，由于基础研究的公共性，企业对其投入很少，企业主要是投向试验发展领域。但通过国际比较我们也会发现，我国企业对基础研究的投入过

① 根据 2013 年国家统计局印发的《高技术产业（制造业）分类（2013）》，我国高技术产业的统计范围包括航空航天器制造业、电子及通信设备制造业、电子计算机及办公设备制造业、医药制造业和医疗设备及仪器仪表制造业共五类行业。按照 OECD 的划分，高技术行业：研发强度>5%；中等高技术行业：3%<研发强度<5%；低技术产业：0%<研发强度<3%。

少。统计数据显示，2012 年美国全社会基础研究中，企业的

表 21　规模以上工业企业的科技活动基本情况

指　　标	2000	2004	2008	2009	2011	2012	2013
有 R&D 活动企业所占比重（%）	10.6	6.2	6.5	8.5	11.5	13.7	14.8
R&D 经费内部支出与主营业务收入之比（%）	0.58	0.56	0.61	0.69	0.71	0.77	0.80
消化吸收经费支出与引进国外技术经费支出之比	0.074	0.154	0.263	0.431	0.450	0.398	0.382

资料来源：《中国科技统计年鉴 2014》，中国统计出版社 2015 年版。

表 22　部分国家制造业和高技术产业的 R&D 强度　（单位：%）

	中国 2013	美国 2009	日本 2008	德国 2008	法国 2007	英国 2007	意大利 2007	韩国 2006
制造业	1.1	3.4	3.7	2.3	2.5	2.4	0.7	1.9
高技术产业	1.74	16.9	10.7	6.9	7.7	11.1	3.8	5.9
医药制造业	1.70	26.6	15.0	8.3	8.7	24.9	1.8	2.5
航空航天器制造业	6.12	9.9	4.2	8.6	5.2	10.7	13.4	9.0
电子及通信设备制造业	1.93	15.7	5.4	6.3	12.2	7.6	4.5	6.7
电子计算机及办公设备制造业	0.64	10.7	28.7	4.5	7.9	0.4	1.2	3.9
医疗设备及仪器仪表制造业	2.18	18.3	14.4	6.3	7.1	3.6	2.6	2.2

资料来源：《中国高技术产业统计数据 2013》，中国统计出版社 2013 年版；《第三次全国经济普查主要数据公报》（第二号），2014 年 12 月 16 日。

投入占到了基础研究 R&D 投入的 21.3%（如表 23 所示）。企业也是美国基础研究活动的主要阵地，企业开展的基础研究活

动大多具有应用导向，且其研究范围主要是公共支持的研究没有覆盖的空白领域。事实上，企业对基础研究的热情很大程度上是因为政府政策导向发挥了作用。1980 年美国通过了《拜杜法案》（Bayh-Dole Act），允许政府资金的获得者可以保留其利用政府资金所获得的发明的拥有权及专利等。这使得企业赞助基础研究、开展基础研究的热情大大提升。

表 23　按执行和来源构成划分的美国基础研究 R&D 支出（2012 年）

执行部门	资金来源（百万美元）						占比（%）
	合计	企业	联邦政府	大学	非联邦政府	其他非营利性组织	
合计	74849	15962	39372	8398	2275	8841	100.0
企业	13955	13170	785				18.6
联邦政府	11225		11225				15.0
大学	40045	2016	24295	8398		3061	53.5
其他非营利性机构	9624	776	3067		2275	5780	12.9
占比（%）	100.0	21.3	52.6	11.2	3.0	11.8	

资料来源：National Center for Science and Engineering Statistics，December 2013，NSF 14—307，National Science Foundation. http：//www. nsf. gov/statistics/.

第三，政府对企业的研发经费投入有待提高。在我国企业研发投入能力不足的情况下，政府对企业研发经费的支持就显得更加重要了。从 20 世纪 50 年代到 80 年代，美国政府科技拨款中投入企业的比例一直维持在 50%以上，最高时达到 70%。进入 80 年代这一比例逐渐下降，但是仍然达到 1/3 强。2012 年美国联邦政府研发经费投向企业的占比为 26.9%（如

表 24 所示)。反观我国,20 世纪 90 年代至 21 世纪初,我国政府科技资金投向企业的比重大体是 17%左右,有些年份要更低一些,例如 2001 年只有 11%。近年来,政府投向企业的比重有所增加,但也只有 15%左右。

表 24 美国联邦政府 R&D 支出按执行部门划分(2012 年,现价)

执行部门	R&D 支出(百万美元)	占比(%)
企业	36300	26.9
联邦政府	55020	40.8
其中:联邦政府内部	37574	27.8
联邦投资研发中心	17446	13.0
大学	37393	27.7
其他非营利机构	6305	4.66
合计	135018	100

资料来源: National Center for Science and Engineering Statistics, December 2013, NSF 14—307, National Science Foundation. http://www.nsf.gov/statistics/.

(三)影响我国企业成为技术创新主体的原因及解决对策

党的十六大以来,国家先后制定实施了科技、教育、人才三项中长期发展规划纲要,科技和教育投入大幅增加,重要科学前沿和战略领域取得了一批重大创新成果。但产业技术领域创新能力比较薄弱的问题依然存在,科技与经济"两张皮"问题尚未根本解决,这与企业主导产业技术研发创新的体制机制尚不完善密切相关。

迈克尔·波特的钻石理论和美日欧等国家和地区的发展实

践表明，能从根本上激发大量企业进行创新的重大环境要素主要包括生产要素条件、市场环境、需求水平、产业环境和政府角色五个方面。这些要素既影响企业创新，也决定着产业发展和国家竞争优势。目前我国在这些要素方面仍存在如下问题：

第一，逼迫企业创新的要素压力机制尚未完全形成。一些重要生产要素价格不能反映其在市场上的稀缺程度。企业既然能较容易地获得低廉生产要素，便没有足够动力去改变靠消耗资源、追求低成本和规模扩张的发展模式。既然走老路仍能活下去甚至还活得不错，那么谁还愿去冒创新的风险呢？

第二，缺乏催生创新、保护创新的市场环境。多数国有企业还不是完整意义上的市场主体，企业高管人员迫于短期业绩考核压力，大多不会选择投入大、周期长、风险高，且往往是“前人栽树后人乘凉”的创新道路。一些行业竞争过度和一些行业由于垄断而竞争不足，限制了竞争刺激和逼迫企业创新的作用。法制环境不完善，知识产权保护不到位，使创新产品、技术、专利等得不到有效保护，企业不敢创新。

第三，国内低层次需求较大，对创新的引导不够。社会鼓励创新的消费文化缺失，制约了需求对创新的牵引和拉动作用。许多企业反映，对创新型企业来说，给项目不如给市场，但是本土市场对创新产品的支持力度不够，对重大战略性项目技术装备和设备信任度不够。中国的市场很大，但还没有真正撬动起来支持本土企业创新。许多政府项目在采购时“不差钱”，不考虑性价比，更没有支持创新的导向。本土创新型企业的销售还是靠老百姓支持，在政府采购当中，对自主品牌的认同有一个观念不到位的问题，对国外的品牌认知得比较深。如华为公司，收益很大一部分来自海外，国内市场比例并不大，甚至在国内市场上遇到的问题比国外市场更不可控，他们希望“自主创新的政府采购流程在执行和落地上更加明显和细化”，这样才能保证自主创新成果真正进入市场。这些企业希望在国内市场上特别是政府财政资金采购时，能够在同等条件下优先使用自主创新和自主品牌的产品。

第四，产业环境总体有所改善，但刺激和拉动创新的效应却不明显。目前我国很多地区已形成若干大小不等的产业集群，但由于产业集群内低水平重复严重和低端企业过多、有系统集成和产业链领军能力的大型企业过少、生产性服务业发展缓慢等原因，多数产业集群还没有形成上下游相互提升、竞争压力层层下传的集群创新机制。同时，一些产业集中度低、产业低端恶性竞争严重、国家一些产业政策存在偏失等也在一定程度上抑制了企业创新的激情。

第五，政府在创新活动中越位和缺位，在一定程度上压制了企业创新。政府越位可能导致的直接结果是将本应由市场驱动的创新活动扭曲为政府主导的创新，造成资源配置扭曲，创新效率低下甚至无效。政府缺位表现为在一些重大领域的技术创新中，政府未能有效分担相应风险，未能给本国企业提供足够的创新机会，未能有效激发民众的创新意识，未能提供完善的基础研发、教育、金融等基础性环境。

目前，企业技术创新存在的最大问题是创新动力不足。多数企业缺乏创新能力和动力，对粗放的经济增长方式的依赖仍然比较强。针对这些问题，一是推动生产要素的市场化改革，加快资源价格形成机制改革及产业组织调整，健全反映稀缺性和环境影响的资源价格机制和税收体系，构建促进企业技术创新的压力机制，形成促进企业创新的市场倒逼机制。二是进一步完善市场竞争环境，建立公平的市场准入规则，努力消除实际存在的行业垄断和市场分割，构建更加公平公正、开放统一的市场环境，创造各种所有制企业公平竞争、平等获得资源的市场环境。深化国有企业改革，完善国有企业业绩考核体系和国有企业经营者考核和任用制度，将创新投入和创新效益纳入考核体系当中。加强知识产权保护，使创新产品、技术、专利等得到有效保护，激发企业创新热情。三是调整和制定需求政策，为企业创新产品提供市场空间。应有重点地落实政策，降低企业创新的成本和风险，如切实落实研究开发费用税前加计扣除政策，以多种方式加强鼓励创新的需求政策。进一步细化政府采购政策，发挥政府采购对创新的激励作用。四是优化产业环境，提高产业集中度，减少行政性垄断，形成集群创新机制。五是完善政府职能，明确角色定位，为企业科技创新营造良好的外部环境。

第八章 科技创新的关键在人才

创新驱动发展的关键是谁来驱动创新。科技创新，人才为本。人才是创新最活跃的因素，科技竞争归根结底是人才竞争。以美国为例，先进产业雇员数仅占全国总就业人口的9%，但雇佣了全国80%的工程师，执行了私营部门90%以上的研发活动，产生了全国约85%的专利，创造了17%以上的GDP。[①] 人才是知识、技术和技能的有机载体，只有调动和激发科技人才创新的动力和活力，才能不断涌现创新成果，推动社会经济持续发展。

一、我国科技人才培养存在的问题

经过多年探索，我国在科技人才培养与发展领域取得显著的成果，科技人才总量不断增加，总体素质逐渐提高，结构不断优化，使用效能逐渐提高。随着“863”计划、“973”计划、国家科技支撑计划、自然科学基金等国家科技计划、百千万人才工程、长江学者奖励计划等人才项目的实施，我国已培养出

---

① 万劲、赵兰香：《2016年科技体制改革的三项基础性任务》，《科技中国》2016年第1期。

一支具有较大规模和较高水平的科技人才队伍。尽管如此，我国科技创新人才的培养与引进仍存在一些问题。

（一）科技创新人才质量与创新成效较弱

第一，科研人员自主创新的动机与动力不足。由于科技领域长期采用后发赶超战略，侧重模仿性创新与逆向研制，对外技术依存度仍高达60%以上，而随着我国技术水平逐渐与发达国家趋近，技术追赶优势逐步弱化，模仿性创新绩效逐步降低。据相关数据，2007—2011年，全球研发人员年均增长率为3.7%，而我国研发人员年均增长率达到13.5%，已成为全球研发人员增速最高的国家；我国研发人员总量已超越美国，占世界总量的25.3%，位居世界第一。与发达国家相比，由于我国科技人才自主创新动机和创新能力的不足，我国创新能力依然相对薄弱。比如，2015年中国94家上榜世界500强企业研发强度仅为1.24%，与世界500强平均研发强度3%～5%相比差距明显。

第二，高端企业工程技术领域科技创新人才相对缺乏。在我国科技人才队伍中，高端创新型人才仍相对短缺。《国家创新指数报告2013》显示，近几年中国创新能力虽稳步上升，但国家创新指数排名在全球40个主要国家中仍排名第19位，仅处于中等水平，与我国经济规模不相称。高端创新人才的缺乏已成为影响我国科技人才队伍建设、制约社会经济发展的桎梏。在我国科技人才队伍中，能够引领世界科技前沿，作出重大科技创新成果的顶尖科学家和领军人才更是寥寥无几。但我们应认识到，单纯依靠外部人才只是短期政策，长期的高端人才队伍建设不能只靠一味地引进来解决。

第三，科技创新人才流失十分严重，同时海外引才力度不足。据相关资料，我国虽已成为世界第一人力资源大国，但顶尖人才流失数量居世界首位，其中科学和工程领域滞留率高达87%。高端科技人才大量外流，不仅是我国投入的巨额教育经费的巨大浪费，而且这些掌握关键技术的高端科技人才一旦流失国外，可能对我国科技产业甚至国家安全构成威胁。我国目前的福利待遇、工作环境以及科研条件等与发达国家相比仍然存在很大差距，造成中国人才外流十分普遍。当前，国外专家来华与海外人员回国仍面临流动壁垒，海外人才长期滞留仍存在多重阻碍，人才引进体制机制仍需改进。首先，创新人才引进手段较为单一，基本由政府统一引进，而企业参与度很低，企业难以根据其人才需求进行引进。其次，各地政府引进手段主要以“资金和住房”为主，而忽视了家庭环境和人文环境，同时，各地人才引进未能协同化，使得各地难以权衡其特定需求，产生无序化博弈竞争。最后，人才引进长效机制未能建立，人才流动障碍较大。很多地区只注重引进人才，而忽视长期留住人才和用好人才的重要性，使人才引进后的创新成效弱化。

（二）科技创新人才基本收入保障存在体制缺陷，导致科研激励与创新能力弱化

科技创新人才作为创新过程中的关键要素，是创造社会财富的重要力量。然而就现实状况而言，我国大多数科技人员的收入无法同其实际付出以及工作成效相符。总体而言，我国科技创新人才基本收入保障存在的问题在于以下两个方面：

一是财政投入的科研经费只能用于科研本身的直接成本，

未能真正发挥促进科研机构开展基础设施与学科建设、管理运行与人才培养的补偿作用。科研活动的开展以及人员酬金与补助主要依赖于竞争性项目经费；科技经费却不允许对职工进行人员费支出，科研单位自身也只允许提取不高于项目经费5%的管理费。经费不足与资源紧张使得科研活动难以合法有效地改善科技人员的收入与福利，弱化了科技人员科研创新的积极性，从而对通过科研项目培养创新人才的绩效形成制约。

二是科技创新领域存在着相对严重的资金分配不公现象。首先，我国对基础性科研领域支持力度偏低，而基础研究的科研成果难以直接被企业使用，该领域科研人员的收入主要依赖于财政拨款，长期处于较低水平。其次，由于行政因素作用，很多单位科研收入多数掌握在项目负责人、学科负责人等具有行政职务的人手中，而大多数普通一线科研人员与实验人员的收入与其贡献不成比例。多种现实矛盾以及制度缺陷使非课题性消费或报销成为科研领域常见现象，而监管部门对课题经费缺乏严厉监管与约束，学术不端和科研经费贪腐行为加剧了资金分配不公，抑制了一线科技人员从事科技创新的积极性，不利于培养良好的学术氛围与科研环境。

（三）科研活动存在着项目化与垄断化倾向，科研人员内在研究兴趣、创新热情与创新动力受到抑制

目前，我国的科研活动通常由项目负责人申请课题后，由负责人牵头统一分摊给项目组成人员分工完成。诚然，该模式能够调动团队能动性和积极性，但不可否认，科研过程的项目化可能使科研活动逐渐异化为追求短期利益的功利性任务，难以产生能够经受时间洗礼的、高质量的成果和真正的学术大

师。在项目模式导向下，青年科技人员的科研方向被强制性地围绕负责人所申请项目而运作，其研究方向与兴趣受到项目可获得性的约束，科研人员的自由探索精神抑或受到很大限制。通常情况下，项目的申请与管理需要很高的“职务门槛”，同时也会耗费大量的精力。对没有立项资格的青年科研人员，由于难以进行独立的科研工作，其研究方向只能根据项目情况而定，被迫充当科研过程中的“廉价劳动力”，由此制约其科研兴趣的自由拓展以及创造力的培养。

在科研人员的事业发展与经济利益严重依赖项目经费的条件下，科研项目组长负责制可能造成科研资源垄断化与分配不平等化，形成学术“官僚主义”，造成相似性、重复性研究普遍存在，不同机构之间难以进行高效化的技术集成和系统性、协同性互动创新，不同机构之间重复成果泛滥，科研资金被严重浪费。科研资源的垄断化还衍生出大量“利益共同体”，其通过共谋来相互夸大项目的学术价值和应用价值，从而获得项目资源与科研经费，形成了严重的学术寻租腐败现象，而不同机构之间的创新合作逐步异化为“利益共谋”。如此一来，协同性创新的初衷就难以实现。

（四）科研成果评价机制的单一化与片面化，使科技人员的远期学术理想与创新动力受到抑制

改革开放后，我国逐步形成了以论文数量、影响因子数值、专利数量、科技项目数量等为主要指标的科研成果评价体系，考核、晋升以及奖励都以这些单一化和片面化的成果考核为基础，考核方式过于急功近利。当前，我国大学和科研机构普遍存在着评价体系不健全、标准不科学、导向不明确等突出

问题，这些弊端与科研人员追求科学真理的价值本质相违背，但在晋升、奖励和荣誉的牵制下，科研人员不得不顺从这种体制，由此束缚了科研人才的长期成长与发展。

第一，我国长期过分注重量化考核，论文数量虽早已居世界前列，但难免导致偷工减料、滥竽充数的行为发生，成果实际质量与远期应用价值堪忧。很多高校制定硬性的机械化指标，以一至三年为单位进行论文评选，如果研究人员和教师没有科研成果，科研人员职称评审和待遇会受到很大压力。机械性的量化考核导致科研人员“精品意识”欠缺，从而使得很多科研人员都乐此不疲地写文章、申报奖项和申请项目，而不愿意从事富含应用价值的长期性研究，而科研成果一旦结项就被束之高阁，大量资金难以得到实质性产出。

第二，产业化开发以及科研成果应用价值评定指标未能得到有效重视，制约了科研机构对成果产业化的投入。从事成果转化工作的人在职称评定、事业发展和收入方面难以得到有效支持，往往在业内处于边缘地位，合理有效的科技创新人才结构无法形成，使得成果应用效率低下。

第三，短期内的频繁性评价考核与量化测评对基础性科研创新极其不利。在成果考核压力之下，多数科技人员同时承受着发论文与创收的双重压力，难以安心投入具有长期价值的科研活动，致使科研活动具有极强的“投机性”，导致科研领域衍生了忽视价值而多出成果、快出成果的不良风气。由此，产生了大量以发表论文和包装组合学术成果为目的“科研投机者”，使得国家巨额科技投入难以转化为促进经济发展的高效生产力。

（五）激励科研人员加快成果转化的体制机制存在缺陷，科技成果应用转化效率普遍低下，从而抑制了科技创新绩效的提升

我国科技成果转化效率不容乐观。据相关统计资料，目前我国的科技成果转化率仅为10%左右，远低于发达国家40%的水平；专利技术交易率仅为5%，最终真正实现产业化的不足5%。科技成果转化率低已成为阻碍创新驱动发展的主要梗阻，正是激励科研人员加快成果转化的制度存在缺陷，导致其成果转化收益和劳动价值难以得到体现，这是导致成果长期沉睡于实验室而难以实现转化的重要原因。

科研人员倾向于追求成果而忽视其转化收益与应用价值，应用性科技成果与市场需求存在脱节，使科研项目存在较大盲目性，熟化成果供给相对缺乏，成果实用性较低。很多科研项目缺乏市场导向，由于对市场需求掌握不充分，科研机构的大量科技资源存在不同程度的封闭性和重复性，科研部门与产业间分割现象普遍。科研成果评价和科研人员晋升主要集中于课题量、论文和专著出版量等显性指标，缺乏市场导向，科技成果转化的经济效益和社会效益未受重视，这导致很多科研项目重数量而轻质量，重学术评价而轻市场需求，重理论成果而轻产业应用，成果实用性和成熟度偏低，难以满足市场需求。

由于体制机制的弊病，技术转化服务体系不完善，且科技人员也很难从成果转化中获取收益，造成科研人员对成果的内生转化动力欠缺。科技服务业和技术转移转化服务不完善，信息传播缺乏有效途径，致使急需技术的企业难以找到合适的科研机构，很多成果无人问津。同时，在我国高校和科研院所

中，科研人员的科技发明成果90%以上属于职务发明。按原法律规定，职务发明专利申请权归单位所有，科研团队难以获得成果处置权和使用权。很多科研项目已具备市场开发价值，但受限于滞后的科研制度而拿不到分成，或由于科研成果隶属于单位，一旦投放市场或造成国有资产流失。因各种繁杂规则限制，科技成果转化程序多、审批慢、时间长，一旦错过科技成果短暂的“价值窗口期”，就会失去转化价值。由于科研人员从成果转化中得到的绩效激励薄弱，很多科研人员一旦从科技成果研发中获得荣誉后，就将其束之高阁。本可以通过转化利用而为科研人员带来更多丰厚收益的科研成果，也就沉睡在结题论文或实验室之中了。

二、发达国家的经验与借鉴

美国、德国、法国、英国、日本、韩国等发达国家非常注重对科技创新人才的培养，出台了科学奖励、产学研合作、国际交流等多种行之有效的措施加强本国科技人才的培养与开发，同时还加大了对世界范围内科技人才的吸引。

（一）强化对硕士、博士、博士后以及跨学科人才的培养力度

高等教育是培养科技创新人才的主要途径。在发达国家，随着高等教育的普及，研究生教育逐步成为培养高端科技人才的主要平台，研究生教育水平直接决定着该国的科技与经济竞争力。为了增强国家竞争力，发达国家不断加大科技投入，强化研究生教育，加大对硕士、博士和博士后以及跨学科人才培

养力度，以培养高端科技创新人才。近年来发达国家通过研究生教育对科技创新人才的培养具备以下特点：

1. 高端人才培养以直接为社会经济服务为目的。在发达国家，研究生阶段的专业和课程设置始终与本国的产业与经济发展需要密切结合。发达国家高等教育发展的重要特征是不断加强高校直接为产业和经济发展服务的职能。自 1980 年起，英国坚持科技人才培养应当与技术创新需求相适应，专业和课程的设置应服从技术发展和就业需求的原则，确保其高等教育具有实用性、战略性和前瞻性。在英国，很多高校以市场需求为导向，开设了技术创新、企业管理、技术咨询、市场开发、技术转移、知识产权保护等方面的课程，并聘请科技创新公司的著名企业家前来授课。

2. 高端人才培养呈现跨学科特征。随着科学技术的快速发展，许多现实问题已经超出了某个单一学科的范围，必须通过跨学科的综合性知识来解决。因此，强化对跨学科高端人才的培养已成为发达国家科技人才培养的潮流。在美国的大学和研究机构理工科研究生教育中，极其重视跨学科教育。很多著名大学通过建立跨学科实验室、课程组、研究中心和跨系委员会来统筹协调跨学科科研工作，并以此促进跨学科硕士和博士的培养。在英国，研究生的研究选题很多都来自生产实践，包含多个学科领域的知识，一般由多个相关领域研究人员协同解决，为此，学校会组织多个领域的教授对学生进行协同指导。同样，德国推出了“高校毕业生培训计划”，其核心任务是促进以边缘和跨学科为特征的科研工作，为相应的博士生培养工作创造条件，以促进其专业和跨学科的科研工作。

3. 高端人才培养模式日益多样化。随着科技产业多样化的发展需要，发达国家的人才培养模式也逐步多样化。比较流行的有：大学与企业联合培养；大学与科研机构联合培养；大学、研究机构与企业共同培养；企业办学培养等。这些培养模式在经济发展过程中得到了很好的应用。德国亚琛工业大学的课题研究通常采用“博士—硕士—工程师”合作的方式，其研发活动强调“高校—科研院所—企业”的协调配合。日本的大型高新技术计划中也都包含人才培养计划，其主要做法为：大型计划中来自不同机构的多个攻关人员利用假期集中开设培训班，为研究生提供综合课程培训。

4. 重视实践教育和继续教育，鼓励大学、科研机构和产业之间强强联合，在实践中培养应用型高科技人才。科技创新只有与产业需求联系在一起，创新人才的培养才能产生有效的经济效益。近年来，发达国家不断加强对学生的实践教育，鼓励大学、科研机构与产业合作培养人才。20 世纪 80 年代，英国就提出培养科技人才应以技术创新需求为导向，鼓励企业和科研机构联合创新，并设立高等教育创新基金、科学企业挑战基金、大学挑战基金和公共领域开发基金等多个用于创新的专项基金，在提高研究机构和企业的创新能力的同时培养出了大批富于创新能力的高科技人才。为提高研究人才的研发能力，日本鼓励研究生院同民间企业的研究机构进行合作培养高级人才，并加强资金支持。例如，经济产业省实施的高级专业人才育成事业计划，其目的是为培养技术经营人才和生物、环境等领域人才提供必要课程和教学模式，从而使高校和产业组成战略合作伙伴，深化高校的人才培养功能。对已处于工作岗位并需要在短期内掌握新知识的群体，发达国家一般通过短期专门培训为其提供特定的知识技能强化培养。继续教育能在短期内满足在职科技人员掌握高技术的需求，弥补高校课程周期长的缺点。在发达国家，高等教育机构、专业学会和企业通常发挥着科技人才继续教育的职能。就培训效果而言，企业办学通常是一种高效的科技人才继续教育的模式，它以企业为依托平台，具有经费充足、设备先进、目标明确和见效快等优势。

（二）积极发挥研究学会对人才培养的促进作用

在发达国家，研究学会在培养和汇聚科技人才上发挥着重要作用。如英国皇家学会的宗旨之一是“挖掘科学精英人才”。该学会每年通过多个基金项目资助 1600 名科研人员进行科研和国际科技交流活动，如大学研究人员计划、工业奖学金和教授基金等，有效吸引并培养了来自世界各地的科技精英。再比如德国的德意志科学交流中心、洪堡基金会和德意志研究联合会等也是德国进行人才培养、促进交流、推动科技发展的基金组织，它们包含很多资助项目，如研究奖、进修奖、教授资格博士奖、博士后项目和海森堡项目等，为青年科学家求学和成长的各个阶段提供及时有效的资助。

（三）通过提供高薪、充足科研经费和良好科研环境等优越条件，吸引海内外顶尖科研人员

1. 发达国家凭借其雄厚的经济实力，通常采取加薪、升职、红利、带薪休假和股票期权等方式吸引高科技人才。目前流向美国的高科技人才，年薪可高达 40 万美元，他们的工资是发展中国家科技人员年收入的几十倍。美国为科研人员所提供的优厚条件，不仅能够吸引发展中国家的高科技人才，而且吸纳了大批欧洲的科学家。据报道，近年来欧洲在美国的留学

生中有70%留在了美国。为争夺高科技人才资源，欧洲各国也纷纷出台政策。例如，英国政府与沃尔夫森基金会以及皇家学会合作，每年出资400万英镑，资助研究机构高薪聘请世界顶尖研究人员；芬兰对掌握先进技术的高收入外国人实行特别税率制度，征税率为35%，远远低于该国所得税最高征收率60%的规定。

2. 以高额经费吸引海外研发人员来本国合作参与课题或研发，也已成为发达国家的重要手段。例如，美国已与70多个国家和地区签署了800多个科技合作协议，以国际合作为平台开发外国人才资源。日本学术振兴会所设立的外国人特别研究员制度就是以高额课题费，资助邀请在外国已获得博士学位的优秀科研人员到日本的研究机构进行研究活动，并使其享受学术振兴会提供的科学研究费和人身保险等特殊待遇，资助的时间跨度通常为2年，研究活动结束后仍有1年的时间可滞留于日本找工作或从事其他研究工作。国家经济实力越强，则吸引的世界级顶尖科技人才就越多，重大科学技术成果也就越多，由此能吸引更多优秀的科技创新人才，科技人才的不均衡分布在全世界范围内已逐渐形成一种“马太效应”。

3. 移民政策在全球高科技人才竞争中也发挥着重要作用。科技移民制度一直是美国和加拿大等国的国家发展战略，发达国家的移民制度使发展中国家的科技创新人才不断流向发达国家。目前几乎所有发达国家都建立了通过科技移民吸引科技人才的政策和法规。发达国家一般通过发达的高等教育吸引全球的优秀留学生，在获得学位之后，就以就业或移民政策来使这些人为本国服务，另外也通过移民制度吸引在外国取得学位的高端人才。美国不仅奉行灵活多样的移民制度，政府也通过不断修订移民法，放宽高科技人才的入籍限制。如美国科技移民主要采用三种方式：一是对具有特殊才能和技术专长的高端人才，允许其通过在美国工作的方式进行职业移民；二是对具有特殊专业技能的外国人实施 H-IB 签证计划；三是对全球的优秀学生实施留学优惠政策。美国从 1946 年开始实施富布赖特计划，通过提供丰厚奖学金吸引全球优秀学生赴美学习。同时，对留学生的滞留和居住也采取了灵活宽容的政策，实行绿卡制来给予入籍优惠。美国国家科学基金会统计，25%的外国优秀留学生在学成后定居美国，被纳入美国人才库。

德国和英国等也纷纷放宽移民限制，广纳世界贤才。自 2000 年起，德国对程序设计、软件开发、信息咨询和网络应用等高端人才实行“绿卡制度”，吸引大量优秀的互联网技术专家来德国工作。德国每年允许 5 万名外国人移居德国，其中经济和科技方面的尖端人才达 2 万人，他们可以携带家属，得到永久定居的许可，以解决德国面临的专业人才紧缺问题。另外，德国设立“国际研究基金奖”吸纳国际顶级科学家，该奖项最高额度为 500 万欧元，用于表彰所有在德工作且其研究处于全球领先地位的杰出科学家。英国原本是比较排斥移民的保守国家，但自 1990 年以来，已充分认识到移民政策在全球化浪潮中对国家发展的重要作用，并采取了一定的放松移民的措施。要想取得巨大经济效益，就要面向全球争取高端科学家、工程师和企业家，从而强化本国科技创新水平。

4. 许多国家还设立引进人才的专业性组织，加强引智力度，大力引进国外学者以及本国外出留学生回国效力。20 世纪 90 年代中期之前，韩国由于国内科研条件较差，高端人才外流比较严重。鉴于此，韩国一方面在美国、欧洲和日本设立人才引进协会，积极引进国外学者；另一方面设立科学和工程基金会，对海外科技人才的工作和生活情况进行研究。同时，对回国的学者，在保证较好的工作环境和生活条件的基础上，给予较高的工资待遇。2003年，德国成立了一个为争取在国外工作的德国高科技人才回国工作的德国学者组织，致力于为打算回国发展的德国人才联系工作单位。自2001年起，德国政府和相关研究机构投入了上亿欧元的资金，实施“赢取大脑工程”，竭力留住本国人才并吸引国外人才到德国效力，这不但留住了大量德国研究人员，还吸引了英美等国家的高端科研人员。

5. 为取得学位的外国优秀留学生在本国找工作提供滞留签证，吸引海外留学生定居也是不少国家引智的重要渠道。发达国家先后实施在留学生毕业后为其预留一年的滞留期以便寻找工作，其实质是挽留国外优秀留学生为其效力。美国多年来就允许外国留学生延期居留、永久居留甚至加入美国国籍。英国、德国等欧洲国家同样鼓励学成人才留下工作和定居，进而把这些高端人才纳入本国人才库。英国2004年启动了理工科毕业生留英计划，允许在英国高等教育或继续教育机构取得相应资格的非欧洲国家学生完成学业后继续在英国滞留一年并在英国求职，从而解决科技人才不足的问题。2007年，英国政府进一步推出了“国际毕业生计划”，不限专业地允许在英国完成大学及以上学业的留学生在英国工作一年。在德国，外国毕业生如果被德国企业或其他单位聘用，就可以获得德国居留许可；对暂时未找到工作的，则有一年的居留时间用于寻找工作。

（四）建立高额的科研奖励机制，用法律保障科研人员的收入待遇

为鼓励中青年科研人员发明创造，发达国家设立了众多高额的科研奖励。美国国家科学基金会设立多种奖励，如总统工程创造奖、国家技术奖、青年科学家奖等，且同时规定只有持美国绿卡或护照者，才有资格获得上述奖励。如果获奖者是外国人，美国政府通常会主动为其办理绿卡或劝其入籍，从而使其继续留美效力。目前，每年有近20%的获奖者是外籍青年科学家，且大多被美国留用。德国的洪保基金会利用联邦政府出售UMTS执照所获资金，每2年向35岁以下的优秀科学家颁发一次索菲亚·科瓦列夫斯卡娅奖，获奖者4年中可以自由支配120万欧元的奖金来用于独立研究。

与此同时，发达国家普遍采用法律手段规范科研人员的人事管理，在人员的选聘、晋升和奖励上遵循严格规范的程序，并明确和保障科技人员的地位、使命、责任和权益。美国政府管理的实验室雇员是公务员身份，法国、德国、日本等公立机构的科研人员也隶属于公务员序列，因而多数研究人员具有稳定的收入保障，且工资收入差距较小。同时还立法确保公务员工资不低于同类职务一般水平，但要受《公务员法》的约束。美国的《联邦雇员薪酬可比法》要求政府雇员薪酬与私营企业类似工作可比，并提供了高标准雇员给予额外奖励的灵活机制。①

---

① 李晓轩、黄鹏：《美国国立科研机构薪酬体制与启示》，《科学学与科学技术管理》2007年第S1期。

（五）实施充足稳定的经费保障和极其严格的科研经费管理制度

美国、德国、英国、法国和日本等国为高校和科研机构提供了有效的间接成本补偿机制，包括科研经费的定期拨付、以科研质量评估为基础给予的拨款资助和约定政府科研项目中间接费用的补偿比重。在美国，科研机构人均事业费一般为10万～20万美元，科研人员除享受工资福利外，还具备世界一流的科研条件。充足的经费和先进的科研条件使大学为研究人员提供了充足的科研服务和长效的资金支持。

在对科研人员和机构给予充分保障的同时，发达国家对科研经费的管理做了非常严格的规定，以保障科技创新经费的运作效率。在职科研人员只能领取工资收入，不能私自挪用任何项目经费，否则就是违法行为，会受到法律严惩；美国联邦资助的项目还规定设备和管理费只允许占10%～30%，从而使50%～75%的科研经费都投入到外聘人员和研究生上，从而保障了对科技人才有效的培养和激励。

（六）实行形式宽松而实质严厉的科研成果考核评价机制

科研成果评估是科研人员优胜劣汰的重要机制。在发达国家，高校和科研机构只有很少的固定人员岗位，科研人员必须历经多轮评价淘汰才可能获得总体比例仅为5%的终身职位，可见其评价机制的严厉和竞争之激烈。但从具体的标准和评估的周期看，多数发达国家的评估要求却看起来比我国更为宽松和人性化。一般采用任期评价，而终身职位采取定期评价。但评价体系并不会单纯地考核科研人员发表的论文数量，而主要由学术委员会或研究小组的领导负责人对其工作贡献进行评价，并给予晋升、奖励、警告、调换工作和辞退等方面的职业发展建议。该评价机制既灵活又严厉，科研人员发表的论文数量并不必然决定其晋升和奖励，还必须经学术委员会的严格审阅，而非公开发表的优秀科研成果也能参评并获得认可。对优秀的科研人员，将按严格的规章制度给予其加薪、晋升或荣誉奖励，并不会因文章项目数量、科研经费等得到直接的经济激励。此外，美国对高校教师的评估还非常重视学生的评价，除了实施规范的学生调查表评价之外，斯坦福大学还让本科生、博士生和博士后参与研究委员会和高校学术会议。

（七）营造浓厚的鼓励创新、宽容失败的创新文化氛围，建立有利于开展创新活动的自由竞争机制，同时采取严厉的学术监督以遏制学术不端

发达国家科技事业长期稳定发展与其宽容自由的科研环境密不可分。相对来说，发达国家的物质生活丰富但人际关系相对简单，学术环境较为自由宽松且尊重人才的个性化发展。社会为科学家提供了良好的工作和生活条件，鼓励他们自由发展，宽容他们的失败，容忍他们长期没有成果，这种社会氛围更易激发科技人才的创新意识和进取精神。例如，安德鲁·怀尔斯经过七年的沉寂后才证明了费马大定律；2002 年的诺贝尔生理学或医学奖获得者悉尼·布雷内也是在默默工作长达十年后才发表了第一篇论文。同时，发达国家也积极采用激励创新活动和创新成果的竞争机制。例如，日本实行科研人员兼职制度，允许国立研究机构人员在原单位挂职，去民间企业开展

研究工作，从而支持其与民间企业开展合作研究；允许外国在日本创办共同研究机构，并实行研究机构管理灵活化制度以加强对研究活动的评价。同时，发达国家对违反学术道德行为的惩罚毫不留情。例如，德国巴符州《大学法》规定：获得学位后的“不体面行为”也可以成为剥夺其学位的依据。贝尔实验室的人员舍恩由于伪造实验数据，被其母校康斯坦茨大学撤销博士学位，其本人也被永远逐出学术界。

（八）完善的股权与期权激励制度吸引高科技人才

目前，股权、期权和分红等激励制度是激励科技人才创造性的最先进和最有效的机制。股权和期权是能够将人才与科技企业的效益紧密结合的纽带。对高科技企业而言，科研人员持股能够在科研人员与科技企业之间建立利益和风险共同体；有利于增强企业凝聚力，调动员工的创新激情，留住科研人才；在科技企业创业初期，员工持股能缓解资金压力，扩大资金来源，实现投资主体的多元化，优化股权结构。美国硅谷中多数高科技公司都采用员工持股来吸引留住人才并激励其竭力创新。硅谷的高科技企业通常采用如下做法：科技人才对其研发的产品或技术作价与注入资本确定其股份比例，各方以期权形式持有股份，在一定时期内，科技人员用事前约定的价格购买公司规定比例的新股。英国剑桥著名的“硅沼”，在引入股份期权的激励制度后，诞生了新的“硅谷神话”。在德国，向主要技术骨干给予股票期权已经成为德国高科技企业激励科研人员开展科技创新的重要手段。

第九章　创新体制机制推动科技成果转化

目前，我国强劲的创新投入和创新环境建设并没有很好地将科技成果转化为现实经济价值，科技与经济“两张皮”的问题仍然比较突出。

一、当前产学研严重脱节现状及其原因

2015 年我国全社会研发经费支出达到了 1.42 万亿元，占 GDP 的 2.1%。虽然不及美国、日本、韩国、德国、法国、芬兰等国家，但已经超过了英国、加拿大、意大利、挪威等发达国家（如表 25 所示）。

从人力资源来看，2015 年我国 R&D 人员总量 395 万人，居世界第一位。2013 年，我国 SCI 论文数量达到 21.3 万篇，仅次于美国居全球第二位，占到全球总量的 15%。2004—2014 年我国高被引论文数量突破 1.2 万篇，占到全世界高被引论文总量的 10.4%，位于美国（6.2 万篇）、英国（1.6 万篇）、德国（1.4 万篇）之后，居世界第四位。国家“十二五”科技发展规划的主要指标中有 5 项已经提前实现（如表 26 所示）。

表 25　部分国家研发经费占 GDP 的比重

国家	R&D 占 GDP（%）（2011 年）	国家	R&D 占 GDP（%）（2011 年）
中国	2.1（2015 年）	加拿大	1.74
美国	2.77	意大利	1.25
日本	3.39	瑞典	3.37
英国	1.78	芬兰	3.78
法国	2.25	挪威	1.66
德国	2.88	韩国	4.03

资料来源：《中国科技统计年鉴 2015》，中国统计出版社 2015 年版。

表 26　国家“十二五”科技发展规划主要指标

主要指标	2010 年	2014 年	2015 年发展目标
国家创新指数世界排名（位）	21	19*	18
科技进步贡献率（%）	50.9	53.1*	55
R&D/GDP（%）	1.73	2.09	2.2
每万名就业人员的研发人力投入（人年）	33	49	43
国际科学论文被引用次数世界排名（位次）	8	4	5
每万人发明专利拥有量（件）	1.7	4.9	3.3
研发人员的发明专利申请量（件/百人年）	10	21	12
全国技术市场成交合同金额（亿元）	3907	8577	8000
高技术产业增加值占制造业增加值比重（%）	13	16.7*	18
公民具备基本科学素质的比例（%）	3.27	4.48*	5

注： * 为 2013 年数据。

资料来源： 中国科学技术发展战略研究院：《国家创新指数报告 2014》。

据统计，目前我国专利成果转化率平均不足20%；产业化率更低，不到5%。政府拿大量的资金支持创新，而大量专利成果却被束之高阁。

二、实施创新驱动发展的体制安排

实施创新驱动发展战略，不仅是要形成科技成果，而且更要提高科技成果的转化率和产业化率，让科技与市场、经济有效地连接。为此，必须进行科研院所和大学的体制改革，让技术的供需双方都成为自由的市场主体，推动科技成果转化和产业化。

（一）科研院所改制，激发创新动力和活力

在政府主导的科技投入体制下，产学研用一体化很难推动。长期以来科研活动主要集中在国有科研机构，研发经费靠政府财政投入（如表27所示），科研成果也依靠政府推广和产业化转化。当前我国拥有从事自然科学、农业科学、医药科学和工程与技术科学的地级及以上独立核算的政府属科学研究与技术开发机构3000多家，从业人员74万多人，其中研发人员39万多人。

政府的直接投入限制了科研机构的科研自由性，使科技体制形成“等、靠、要”的运行机制和管理思想，严重制约了科研机构的发展，束缚了科研人员的创造性和积极性，阻碍了科技与经济的结合以及科技成果的转化，使得科技进步不能直接作用于生产力水平的提高，对经济社会的拉动作用发挥不出来。

民用研发机构与国防军工技术不同，创新成果可以在市场中有偿转让，科研机构转制后作为市场交易主体，研发成果可以通过市场实现前期的资本补偿，所以民用研发机构可以通过市场自行筹资融资，公共财政不需要进行资本投入。唯其如此，才能使研发机构真正成为市场主体，根据市场需求和资本运作来实现自身的发展，增强研究开发的市场导向，有利于科技成果转化和产业化。

表 27　国有科研机构研发经费内部支出和来源

指　　标	2005	2006	2007	2008	2009	2010	2011	2012	2013
机构数（个）	3901	3803	3775	3727	3707	3696	3673	3674	3651
#中央属	679	673	674	678	691	686	686	710	711
地方属	3222	3130	3101	3049	3016	3010	2987	2964	2940
R&D经费内部支出（亿元）	513.1	567.3	687.9	811.3	996.0	1186.4	1306.7	1548.9	1781.4
#基础研究	58.0	67.9	74.7	92.7	110.6	129.9	160.2	197.9	221.6
应用研究	176.3	196.2	227.1	271.3	350.9	387.6	417.2	469.3	525.8
试验发展	278.7	303.2	386.1	447.2	534.4	668.9	729.3	881.7	1034.0
#政府资金	424.7	481.2	592.9	699.7	849.5	1036.5	1106.1	1292.7	1481.2
企业资金	17.6	17.3	26.2	28.2	29.8	34.2	39.9	47.4	60.9
国外资金	1.8	2.6	3.4	4.0	4.2	3.4	4.9	5.1	5.7
其他资金	68.1	66.1	65.3	79.3	112.4	112.2	155.8	203.8	233.5

资料来源：《中国科技统计年鉴 2014》，中国统计出版社 2015 年版。

1999 年我国科研机构改制工作正式启动，许多科研机构通过转制，成为市场中自负盈亏的经济主体。科研机构通过明晰产权归属、改革科技拨款制度、实行技术合同制等改革，充分利用市场机制来配置创新资源，运用经济杠杆发挥了科研院所在经济发展中的重要促进作用。改制后的科研院所自身建设发生了很多好的变化，通过不断完善现代企业管理制度，科研产出能力、科研成果转化率、科研人员积极性、技术转让收入、技术转让收入增长率、当年授权专利数、当年授权专利增长率等都有了很大的提高。

1. 改制后的变化。科研机构转制最大的变化是机构根据市场需求，根据发展科技产业和建立现代企业制度的要求，在机构内部建设上，对组织结构和运行机制进行改革调整。

在资金筹措和投向方面。研发机构成为独立的市场主体后，拓宽了机构融资渠道，从过去向公共财政“等、靠、要”获取经费的方式，向改制后更多地在市场中筹资融资转变，特别是在进行股份制改革并上市后，能够在市场中募集所需的资金。这些改革使得科研机构产业化收入大大增加，有力地促进了科研活动的高效产出以及科研成果的产业化。以有色金属研究总院为例，2000 年改制后当年实现总收入近 9 亿元，比上年增加了 53%，产品出口创汇达 4000 万美元，比上年增长 300%。①

在调动研发人员积极性方面，改制后科研人员收入不再固定，收入与效益、贡献挂钩，收入差距明显拉大，激发了科研人员的活力。机构股份制改革和科研成果产权明晰后，研发人员和管理人才能够获得一定的股份，在科研成果产业化过程中，能够按照各自贡献的大小来分配产业化后的市场收益，在

---

① 汤世国：《中国科研机构企业化转制的最新调查报告》，《科学中国人》2001 年第 5 期。

利益机制的激励下极大地调动了科研人员研发的积极性。

此外，机构在改制后拥有了较多的可自行支配的研发资金，能够对机构长期的发展进行规划，特别是可以加强应用基础研究和前沿性研究以及重大共性关键技术和高新技术研究，这些对提高机构持续创新能力，推进行业科技进步起到了重要作用。

2. 改制后存在的问题。通过改别，机构自身建设发生了很多好的变化，但调研发现，不少科研机构在转制过程中还存在着诸多问题：

第一，建立现代企业制度遭遇困难。建立现代企业制度，明晰产权，是科研机构实现转制目标的关键。当前机构改制，在产权关系、利益分配和政策环境等制度建设环节仍存在难点。院所由事业单位变为企业，核心是产权关系的变化，而变化的前提是产权明晰。科技体制的改革，投资多元化使院所的资产变得更加复杂，除了固定资产以外，科研院所资金不仅来源于各种基金项目、国家和行业科技计划项目，而且有以多种形式投入的社会资金，如何科学量化有形和无形资产，如何根据产权合理分配都是十分重要的问题。

第二，转制后的科研院所更多地进行短期利益产品的生产，对长远、前瞻性的研究项目投入积极性不高。院所改制后成为独立的市场主体，成为追求效益的企业，所以更多关注的是短期收益。但是产业前沿竞争技术和共性技术的开发由谁来承担，以保障我国科研体系长远发展和健康运行，成为改制后一个重要的问题，这关系到技术创新链的连续稳定性以及国家创新体系效率的发挥。

3. 科研院所改制应该分类。科研院所改制应分类改革，在一般性的技术开发上应进行充分的市场化，政府应分步实施“断奶”机制，通过市场倒逼创新。而对一些关键性、共性技术，外部性很强的技术研发应由国有研发机构来承担，减少研发活动的小散乱问题。

随着科研院所企业化的整体转制，作为企业性质的科研院所，其科研开发活动的目标取向与作为政府和产业部门所属的科研院所有着很大的差别。转制后的科研院所与一般企业没有多大差别，它的最终定位也只能是一个科技型企业。作为企业，无论是生产还是科研开发，追求的最终目标是一致的，就是利益最大化，它没有义务来承担对自身企业发展无益或利益相关性不强的研发工作，如前沿竞争技术的研发、共性技术的研发和推广等。为弥补科研院所转制带来的技术研发体系中的空白，保障国家和区域创新体系的完整性，政府应进行必要的科研活动。此外，技术具有准公共产品的特点，技术产品消费的非排他性、非竞争性和外部经济性等特征，决定了企业一项技术的研发成功，经常会使其他企业出现创新外溢的现象。技术的这种准公共产品的特征，决定了由转制为企业的科研院所来承担产业前竞争技术和共性技术的研发是不可行的。

因此，改制后科研机构中也应该有综合性大型的从事行业共性技术和核心技术研发的科研机构，由国有控股，明确战略定位，为国内各个产业持续发展提供关键技术支撑。另外，可以考虑组建国有资本科技运营公司，强化其应用研究、技术开发及转化功能，充分利用市场机制，激活从事行业共性技术和核心技术研发的科研机构管理机制，从而提高科技成果的转化率和产业率，推动我国经济创新发展。

（二）明确大学分类以推动科技成果转化

当前大学的使命已经从知识的传承（教育）扩展到包括知识的创造（科研）以及所创造的新知识的商业应用（创业或创新）。19 世纪末作为特殊机构出现的研究型大学（德国的洪堡大学模式），把分别在大学和科学协会发展的教学与科研两种活动结合在一起。20 世纪后期，创业型大学又将促进经济与社会发展的使命与教学、研究使命结合了起来。创业型大学有四根支柱①：学术带头人能够形成和实施自己的战略构想；具有通过授予专利、颁发许可和孵化等方式进行转移的组织能力；管理人员、广大师生普遍有创业精神；能对大学资源进行合法控制，包括大学的物质财产和研究的知识产权。创业型大学创新文化浓厚，教授和研究人员以及学生积极推动研究成果的商业化。技术转移办公室负责从大学研究中寻找可以商业化的技术，并将其出售给产业化的公司。一所大学要成为“企业家”创业，就必须有相当程度的独立自主性，既要独立于政府部门和产业部门，又要与这些部门紧密联系、相互作用。创业型大学倡导将知识投入实际应用，为了实现这一目标，许多国家有不同的制度安排。例如在美国，知识产权的所有权能在发明人和大学之间分享，而瑞典等国家，知识产权却完全归教授所有。为了购买专利所有权并使之商业化，大学成立了控股公司，大学一定程度上有了企业的性质。另外一种创业型大学是在科技园、研究中心或一些公司基础上组建的新型创业型大学。例如，

① 〔美〕亨利·埃茨科威兹著，周春彦译：《国家创新模式——大学·产业·政府“三螺旋”创新战略》，东方出版社 2005 年版，第 31 页。

由美国兰德公司（RAND）资助的政策研究方面的PHD项目，在瑞典卡尔斯克鲁纳/龙内比（Karlskronna/Ronneby）科技园软件中心基础上发展起来的布京理工学院。这种大学模式，与其他大学不同，首要的活动是知识经济活动，然后是大学研究工作。

美国高技术产业模式的形成和发展表明，部分高校科研院所的转型至关重要。20世纪90年代以来，美国高技术领域有一个重大特征，就是大家的关注焦点由R&D大规模转向R&BD（Research & Business Development，研发及其成果的商业化）。伴随着这种转化，很多高校开始由研究型大学向创业型大学转型，最典型、最成功的例子就是斯坦福大学。美国著名教育学家伯顿·克拉克（Burton Clark）研究了欧美众多特色大学，提出了“创业型大学”的概念。他预言，创业型大学在知识经济社会中将发挥越来越大的作用，甚至成为未来社会发展的核心机构。建设创业型大学，目的就是要指导大学发展的转型，推动科技创业的兴盛。

与美国斯坦福大学60%～70%的成果转化率做比较，我国大学的科研成果转化率较低。事实上，无论理科、工科还是社会科学的教育都是直接对应于现代知识体系的，这种知识体系与产业发展所需要的知识之间存在差别。大学的知识体系追求超前、先进。但是，从产业发展实际来讲，它需要的更多的是符合其市场竞争策略的适宜性的技术，而不是最先进的技术，它必须能够解决问题，能够满足企业竞争战略或经营策略的要求。① 需要指出的是，在研发组织体系当中，大学承担的是知

① 梅永红主编：《自主创新高端访谈》，知识产权出版社2011年版，第147—148页。

识创造和人才的培养，要给大学能够踏踏实实去自由探索，培养创新人才的稳定的、基本的财政支持。但是从目前科研经费和科学家的收入来源看，大部分资金都来自项目。过于强调科研项目的成果转化率，可能会使大学具有越来越强的功利倾向。无论是大学、科研院所还是公共基础服务机构，都需要给予它们一定的自主确定研发方向、自主支配资源的权力，只有这样才能为产业技术创新奠定知识基础。因此，解决大学供给与产业需求之间的矛盾，需要进一步明确各类大学的定位，发展一部分创业型大学。创业型大学与研究型大学的主要区别是，创业型大学将基础研究、应用研究及教学与产业创新紧密结合在一起，将知识资本化，形成知识与产业的良性循环，从而推动区域经济和国家经济发展。

（三）优化科技创新人才的体制机制

为有效释放国家创新潜力，我国应积极借鉴发达国家先进经验，弥补人才政策的不足，使科技人才的创新潜力得到进一步释放。

1. 大力实施科技创新人才战略，强化创新型人才培养，拓宽科技创新人才培养渠道。放眼世界，一国经济社会发展状况与创新型人才发展程度密切相关，拥有大量高素质的创新型人才可以促进国家的高速发展。国家之间竞争的本质是创新型人才的竞争，开发利用创新型人才资源已成为国际竞争的根本特征之一。为适应这种潮流，中国应积极实施创新人才战略，开发创新型人才资源以抢占知识经济发展的制高点。发达国家始终将教育作为国家发展大计，通过多种渠道培养创新型人才。改革开放后，我国不断加大对教育的重视力度，在人才培养上取得了显著成果。但与发达国家相比，我国创新型人才培养力度仍然不足。今后要积极采取措施，拓宽创新型人才培养渠道：

第一，建立和完善多元化教育培训体系，把高等教育作为创新型人才发展的主要环节，着力提高研究生教育阶段的质量。研究生教育的质量决定一个国家的长期竞争力，因此应强化对研究生教育的经费投入，提高对研究生创新成果的奖励，并严格研究生毕业的学术要求，以促进年轻人才积极创新和开拓进取。同时，也应坚持政府办学与民间办学相结合，通过政策引导、经费补贴、减免税收等措施调动个人、企业和社会多方面积极性进行办学，大力发挥社会对创新型人才的培养作用，以满足人们对提升素质的长期需求。

第二，坚持教育与实践相结合，积极推进产学研之间的密切合作。在学校内与学校外、学习与实训的互动中促进个体发展，有效发挥产学研合作在创新型人才培养中的作用，将产业发展、科学研究和人才培养作为整体进行统筹安排，通过开展重大科研计划、重点工程、重大项目等多种形式为创新型人才发展提供平台。

第三，积极推行终身教育和职业教育。鼓励科研人员终身学习，并积极建设为广大科研人员提供终身教育的平台，可借助互联网等现代通信工具，加速发展科技远程教育、科技远程协助和科技信息共享机制，从而加快科研人员的知识更新速度，为其创新思维提供充分的素材。同时，职业教育能够使人短期内迅速掌握必备技能，比如，德国与日本对职业教育相当重视，从而为制造业培养大量高级技术工人，提高了社会生产率，为创新成果的产业化创造了良好条件。因此，我国也应借鉴经验，加强对技术人员的职业培训，提高科技成果与产业之间的对接效率。

2. 优化海外高端人才引进机制，强化对海外高端人才引进和使用。根据发达国家经验，从国外引进高端科技人才并进行高效利用，具有投入低和见效快的优势，这是增强一国创新人才竞争力的有效途径。因此，今后我国应采取积极措施加大海外高端人才引进和利用力度。

第一，放宽高科技人才的移民限制，降低人才流动的壁垒，提供有效的户籍保障，吸引国外高端科技人才。入籍与绿卡是吸引外来人才的重要保障，而我国目前仍是世界上“绿卡”和“国籍”最难取得的国家之一。发达国家把“国籍”和“绿卡”作为诱才筹码，并采取灵活设置门槛、区别标准条件等措施，在积极汇聚国外高端创新人才的同时，取得了拒绝普通移民、打击非法移民的效果。我国可设立专门机构，统一管理外国人签证、居留和移民事务，统一审批居留和入籍申请，从而为海外高端人才提供居留和户籍保障。

第二，建立海外人才引进长效机制，设立专业性的海外引才机构主动联系人才，并为海外高端人才提供良好的科研条件、发展环境和生活环境，解除海外高端人才来华的后顾之忧。可通过设立国家部门和海外联络站，掌握海外人才动态，搜集海外人才的信息，从而提高引才效率。在经过专业性评定后，海外人才质量能够保证的前提下，我国可以设立高额奖学金和科研经费吸引全球优秀科技人才求学或做访问学者。同时，通过在国外设立研发基地来进一步利用当地人才，或通过购买、兼并外国企业将其高端科研人才为我所用。

第三，实施灵活完善的留学服务政策，鼓励海外留学人员和外流科技人才回国效力。外流科技人才的回流问题值得我们重视，应积极采取措施促使其回国效力。首先，应通过完善针对海外华侨和留学人员服务机构，构建我国全球性的科技人才网络，建立海外高端人才数据库来统筹掌握我国外流高端人才的具体情况；其次，通过完善留学创业园和科技园等现代化机构，完善创新创业环境，在留学人员符合条件的前提下，为其提供充裕的资金支持，从而为外流科技人才回国提供发展空间；最后，对急需的高科技人才，可设立“人才回国绿色通道”，采取特事特办的灵活方式，为其回国工作提供优惠和便捷的条件。

3. 提高科研人员的基本收入并建立自由宽容的社会文化氛围，为科技人员创新提供良好的物质与制度保障。

第一，应着力提高科技人员的基本待遇，完善科研经费公平使用与分配机制。首先，应切实解决科技人员生活和工作的后顾之忧，为其自由科研活动提供充分资源条件，使科研人员不必把科研活动视为谋生手段，不必将精力过度集中于课题申请和其他与科研无关的事务性工作，从而能够全身心地投入到科研工作中。其次，应提高科研经费用于间接费用的比例，在强化经费审核管理的前提下，扩大科研经费使用的灵活度，提高劳务费的比重，扩大对科研人员科研活动的绩效奖励激励。最后，应采取措施解决科研领域资金分配不公，加大对基础学科的资金支持，从而为其提供充分的发展环境。同时，应强化科研经费使用与管理的制度建构，淡化科研机构的行政化色彩，解决同一机构内部科研收入分配不平等的痼疾，切实使一线科研人员所得收入与其付出相称，着力遏制部分行政管理人员对科研经费的贪腐行为，从而提高一线科研人员创新和创造的积极性。

第二，提供鼓励人才自由发展的制度，并营造激励发散思维的宽容文化。发达的市场经济体制的自由竞争本性会有力地激发出科研人员强大的创新动力；并且其高度完备的法制、激励机制和风险投资机制为科技人才的创新活动提供有效的制度保障，为其自由创新提供了良好的社会环境。就文化和社会制度而言，兼容并包、以人为本的多元文化传统以及鼓励创新、宽容失败的创新文化氛围，不仅为科技创新人才提供了独立思考和自由创新的空间，而且不同文化与观点的互动、交流和碰撞也有力地推动了科技创新。创新需要自由空间，没有科研人员的自主意识，创新之树就难以常青。反观我国社会环境，人才自由发展的土壤则相对匮乏。因此，在全面深化改革的历史征程中，应积极营造宽松、自由、民主、平等、公开、公正的社会环境，进一步深化经济、文化等领域的改革，并通过积极开展制度创新，如完善创新成果保护、引入国际化竞争条件和人才标准、推进人才市场化和营造开放包容的社会氛围等措施，为科技创新人才营造自由的创新环境，大力激发其创新思维与创新热情。

4. 完善科研项目立项与科研成果评价机制，激发科技人员的内生创新动力。

首先，在科研项目立项方面：第一，今后应将科研项目授予权适当向青年科研人员倾斜，增设更多的青年专项创新基金项目，提高青年科技人员科研工作的独立性，从而使他们降低对“科研活动项目化”的依赖，提高其对科研工作的热情、兴趣与信心。第二，应建立中立性科研项目立项评审机构，强化科研立项评估的公平性、科学性和创新性，从而防止科研资源垄断化和不平等化所引起的“学术官僚主义”、寻租腐败、重复研究等不利于科研创新的不良风气，促进统一领域中不同科研项目之间的协同化和系统化，逐步瓦解学术圈中“利益共谋”的现象，从而形成互动创新的良好局面。同时，破除科研资源垄断化与利益分配不平等化，使科研资金能够向产生创新性成果的领域流动，从而提高科研资金的使用效率。

其次，在科研成果评价方面：第一，应突出质化考核，适当淡化量化考核，转变功利化的绩效评价机制，杜绝以论文数量、技术创收、项目经费等为单一标准的片面考核，并将创新性和实用性作为科研成果质量评价的重要标准。科研成果合格与否，应看其是否创造了新知识、得出哪些新观点以及对经济社会发展和学科发展有哪些促进作用，并以此为标准给科研人员的创新以有效激励。同时，也应根据学科自身特性，给予部分从事基础性研究的学者更加充裕的空间，从而构建创新发展的根基。通过强化质化考核与创新性考核，逐步建立全面科学的科研评价体系，营造出一个倡导潜心科学研究、追求科学本质、积极贡献社会的学术氛围，使科研人员能够在科研道路中破除浮躁风气，坚守自我、潜心研究，达到“十年磨一剑”的效果。第二，应优化对评审人员的选择，确保成果评价的公平性和公正性。评审专家不仅能决定评审结果，而且其自身道德状况和评审行为也会极大地影响学术界的学风和学术道德。当前，我国学术界仍面临着评审标准空泛、抽象以及评审专家选拔任用缺乏严格考核标准等多重痼疾。因此，今后应在遵循科学规律、尊重科技科研人员自主性选择的基础上，在科研成果评审的随机性、轮换制度和回避原则上做出大力改进，同时也应积极发挥和强化同行评价、客户评价以及社会评价的作用，建立全方位的评价体系。第三，应建立多元化的成果评价标准。应根据科研活动的不同属性实施不同的评价方式，为科技人员的多元化发展提供广阔的机会和空间。对于基础性学科的科研成果而言，可探讨引入国际同行评审机制，从而全面评价其在该领域的国际地位与贡献，杜绝单纯依照发表量和引用率机械化的评审标准。对于应用性以及技术开发性的科研成果而言，应侧重考察科研人员通过科研创新解决问题的能力以及该技术的经济效益等指标，避免片面依照发表论文数量做评审，从而为不同性质的科研活动实施多元化、科学化的客观评价。

5. 强化科技成果转化的利益分享机制对科技人才的激励作用。应坚持尊重知识、尊重创新的原则，充分发挥智力劳动价值的利益分配导向，通过成果转化应用体现创新价值，使科研人员在科研成果转化过程中能够得到合理回报，促进科研项目与产业资本“无缝对接”，从而激励科技成果转化，提高科技成果转化率。

第一，培育专业化技术转移转化机构，让科技人员通过技术顾问等方式助力企业生产，并尽快下放科技成果使用、处置和收益权，加快科研成果流动。应积极建设专业性科研成果转化机构，形成科研机构和企业之间的技术转移转化的纽带，推动产学研的高效衔接。同时，应按“实惠归个人，荣誉归单位，利益归社会”的原则，把不涉及国家安全和重大社会公共利益的科技成果使用权、处置权以及收益权尽快下放给符合条件的项目承担单位，减少对科研成果境内使用和处置的繁琐审批，使科技成果在“价值窗口期”内能得到高效转化利用，提高科技成果与产业之间的对接速度。成果转移转化收入应全部留归团队，纳入单位预算，实行统一管理，从而运用科研绩效和转化收益激励来调动科研团队的创新积极性。

第二，大幅提高科研人员能够得到的成果转化收益比例，给予其丰厚的物质报酬，建立有效的成果转化利益分配机制，激发科研人员积极性。要提高科技成果转化率，就应提高创新主体收益率。因此，应积极完善科技成果产权归属和利益分享机制，提高骨干团队和主要发明人的收益比例。同时，应修订相关法规，保证职务发明成果转让收益在重要贡献人员与单位之间合理分配，提高骨干技术人员、科研负责人等作出重大贡献者的收益比例。

第三，改革科研人员的职务和职称晋升标准，将科研成果转化成效以及成果应用价值等指标纳入晋升考核体系。应逐步建立和完善科技人员考核体系，把科技成果开发应用及取得的经济效益列入考核范围，对产生重大经济社会效益的科技成果，应给予研究者以职务和职称晋升的优惠待遇。相关部门也应积极设立科技成果转化奖，对成果转化做出重大贡献的科研人员给予丰厚的物质激励，激发科研人员的创新热情和成果转化动力。

第四，鼓励科研成果作价入股，建立“基于利益机制、符合市场规则”的股权和分红机制，加大对科研人员的经济激励，提高科研人员创新与成果转化的主动性。技术入股和持股孵化是促进激励成果转化的有效模式。以股权与分红激励为纽带的“利益捆绑机制”能充分调动科研人员的积极性与主观能动性，使科研人员能够分享创新成果，主动钻研符合社会发展需要、具有市场前景和使用价值的科技成果，并积极将其转化为社会生产力以创造经济效益。同时，为避免国有资产流失，对股权和分红激励政策应对科技成果转化的“净收益”进行分配，以保证国有资产的保值增值。

三、政府应为技术创新提供公共服务

要实现科技成果转化与产业化，不仅要发挥企业技术创新的主体地位，而且也要更好地发挥政府的作用，实现国家创新体系的高效运行。即使是硅谷的成功，也应该把很大的一部分功劳归于最大的风险投资者——政府。硅谷的历史可以看作是一个受益于技术军转民的最佳示范，也是政府进行整体干预的完美案例。再比如，无线电和电子工程的最初动力来自于两次世界大战，在很大程度上受到了军方的资助。英美两国政府资助了电脑的开发。美国宇航局是第一批集成电路的主要用户。美国国防部研究开发署（DARPA）创造了互联网。万维网是由欧洲粒子物理实验室（CERN）发明的。欧洲粒子物理实验室是一个受多个欧洲国家资助的研究中心。

（一）落实科技成果转化的法律法规

《知识产权保护法》和《促进科技成果转化法》是保护科技成果、促进科研成果转化的两部重要法律。随着经济社会的发展应及时修订相关法律，从而在科研活动中切实发挥法律保障作用，调动研发人员的积极性。美国科技成果转化之所以卓有成效，正是得益于完善的科技成果转化法律体系。1980 年颁布的《拜杜法案》明确规定，高校使用联邦政府科研经费所研制的技术成果，其专利属于高校而不归联邦政府所有。学校有权将新技术转让给公司和企业，所得收入由高校支配而不上交联邦政府，发明人可以分享专利许可收入。之后，又相继颁布了《技术创新法案》（Stevenson-Wydler Act）、《小企业创新开发法案》和《联邦技术转让法案》等系列法案。这些立法，极大地鼓舞了高校、联邦实验室和企业积极参与技术转移和商业化活动的热情，也推动了美国许多著名大学制定了比较完善的专利政策。我国新修订的《促进科技成果转化法》已经于 2015 年 10 月 1 日起实施。在完善相关法律法规的同时，我国也要加强对科技成果转化的政策法规、推广计划和重点推广项目、典型推广案例及经验等方面的宣传。

（二）完善科技成果转化的中试平台

根据美国等发达国家的经验，在科研成果转化过程中，一项成熟的技术成果成功地应用于产业化生产，其研究开发、中试、成果商品化三者资金投入比例一般为 1∶10∶100，而我国仅为 1∶1∶10[①]。目前，我国高校和科研院所普遍缺乏中试基地，大部分科技成果只是处于实验室阶段，有的甚至只是构想，离应用于生产实际还有很大距离。而作为科技成果需求方的企业，为了规避技术风险，不愿引进或投资该类科技成果。在高校和科研院所中，常常由于没有进行中试，工程研究不到位、不全面，甚至有些问题尚没有探索清楚，就开始盲目转化，从而造成成果转化失败；或者是科研工作进行到一定程度，取得了实验室成果后就终止了，由于需要投资过大而放弃了工程化研究和中试实验的研究，当该成果与企业结合时，还必须进行二次或三次开发，从而延误了成果转化的进程，使科

① 李玉清：《美国高校科技成果转化的经验及启示》，《中国高校科技》2012 年第 1 期。

技成果难以实现转化。

针对上述情况，国家应出台鼓励科研院所和企业建设中试平台的政策措施。一是用过去分散的支持成果转化的财政支持资金集中建设一定数量的中试平台，并积极吸引民间资金的加入，推动中试服务产业化发展；二是在从事应用研究和试验开发的科研项目的结项中，增加中试考核，建立中试成果转化利益分享机制，从而倒逼和激励科研人员重视中试；三是重视对从事中试技术人才的激励。

（三）完善科技成果信息共享平台

应建立完善的数据库和科技信息共享平台，真正发挥信息平台的共享作用。加强知识产权信息检索的基础建设，建立民众更容易使用的专利数据库。加快知识产权的审查过程，减少审查成本。建设国家信息基础设施网络，促进企业公开知识产权信息，培养现有技术调查机构，建立无形资产评估体系。为提高知识产权利用率，可以向企业征集未被利用的专利并形成数据库供公众查询利用，通过信息平台和专利转让平台提高科技成果的利用率。

在国家层面上，应该设置涵盖全国的技术成果转让机构，以技术管理协会的形式，将各高校和科研院所中的技术转让办公室集中成为一个以技术转让与产业化为核心目标的全国性组织，从而便于各组织间进行广泛的合作与联系。美国有著名的国家技术转让中心（NTTC）和联邦实验室技术转移联合体（FLC）。NTTC 的主要任务是以其庞大而先进的计算机网络转让技术，将联邦政府资助的 700 多个国家实验室、大学和私人研究机构的有工业应用前景的科技成果迅速地推向社会和工业界，使之尽快转化为生产力。FLC 的宗旨是加速联邦资助的研究成果向国民经济的渗透。

（四）应更加重视基础研究

基础研究是新技术和工业发展的原动力。基础研究水平显示了一个国家的科技实力，并终将在应用技术研发上发挥积极作用。当前我国基础研究渠道资助的项目依然是以应用或应用基础研究为主，高层次的基础研究项目较少。建议让从事重大基础研究的科研人员享受完全国际化的生活待遇和科研条件，激发他们的原创动力。在一些重点大学和国家级研究机构中维持一定比例专门从事基础研究的人才队伍。在研发资源分配上，要加大基础研究的投入，对不同主体给予不同的支持力度。考虑到基础研究很大程度上带有公共产品的特征，因此应充分发挥政府研发投入的引领作用。地方政府要深化对基础研究和原始创新重要性的认识，在财政投入上应加大自然科学基金规模，提高原始创新能力，做好市场做不好的事情。